Një libër gatimi me qofte perimesh të papërmbajtshëm

100 qofte ushqyese dhe aromatike me bazë bimore për çdo shije

Drita Tota

E drejta e autorit Materiali ©2023

Gjithçka Të drejtat Rezervuar

Nr pjesë e kësaj libër mund lutuni të përdorura ose të transmetuara në ndonjë formë ose qytet ndonjë do të thotë pa të e duhura shkruar pëlqimin e _ botuesit shpirti e drejta e autorit pronari, përveç për i shkurtër citate të përdorura në a rishikim. Kjo libër duhet shënim lutuni konsiderohen a zëvendësues për mjekësor, ligjore, ose tjera pr e esional këshilla.

TABELA E PËRMBAJTJES

TABELA E PËRMBAJTJES..3
PREZANTIMI...7
Qofte PERIME..9
1. Qofte me panxhar të kuq..10
2. Qofte perimesh me thjerrëza jeshile.......................13
3. Kopjoni Ikea Balls Veggie..15
4. Qofte me Kuinoa me barishte..................................17
5. Qofte me fasule të zeza..19
6. Qofte me tërshërë dhe perime................................21
7. Qofte me fasule te bardha dhe arra.......................23
8. Garbanzo dhe karrota...25
9. Qofte bulgur dhe thjerrëza të pjekura në skarë....27
10. Qofte tofu me kërpudha...29
11. thjerrëza , bizele dhe karrota................................31
12. Qofte me kërpudha dhe perime............................33
13. vegjetale TexMex...35
14. Qofte fasule të pjekura në skarë...........................38
15. Qepë Tërshërë Qofte...40
16. Qofte me kërpudha të egra....................................42
17. Qofte Tofu Tahini Veggie..44
18. Qofte me fasule të zeza dhe kikirikë.....................46
19. Qofte vegane me proshutë....................................48
20. Qofte tërshëre elbi..50
21. Qofte Tempeh & Arra..52
22. Qofte të përziera me fasule dhe tërshërë............54
23. Tempeh & Arra...56
24. Macadamia Ca rrot Qofte.......................................58
25. qiqrash të pjekura...60
26. Qofte Pinto Bean me majo.....................................62
27. thjerrëza , kërpudha dhe oriz................................65
28. Shiitake dhe qofte tërshërë....................................67
29. Qofte Mocarela me tërshërë dhe Vegane............69

30. Qofte me arra dhe perime...71
31. Qofte marokene Yam veggie..73
32. thjerrëza , fëstëkë dhe shiitake..76
33. Qofte vegane me proteina të larta.....................................79
34. Topa tofu..82
35. Qofte me lulelakra, fasule dhe spinaq f............................84
36. Qofte vegane të pjekura në furrë.......................................86
37. Qofte parmixhano me kërpudha dhe shqeme....................88
38. Qofte Kremini & Thjerrëza...90
39. Qofte me rigon me limon..92
40. S riracha Qofte me qiqra..94
41. Qofte vegane me kërpudha..96
42. Spageti me perime dhe qofte...99
43. tempeh dhe qepë..101
44. Qofte me thjerrëza dhe kërpudha.....................................104
45. Qofte me patate të ëmbla dhe fasule të zeza....................106
46. Qofte me lulelakër dhe qiqra...108
47. Qofte me kungulleshka dhe quinoa.................................110
48. Qofte me spinaq dhe feta...112
49. Qofte me brokoli dhe çedër...114
50. Qofte me karrota dhe qiqra...116
51. Qofte me kërpudha dhe arra..118
52. Qofte panxhar dhe quinoa...120
53. Quinoa dhe qofte misri..122
54. Qofte me patëllxhanë dhe qiqra......................................124
55. Qofte me patate dhe bizele..126
56. Qofte me misër dhe piper të kuq.....................................128
57. Qofte me kungull dhe sherebelë......................................130
58. Qofte lakër jeshile dhe fasule të bardhë..........................132
59. Qofte me quinoa dhe spinaq..134
60. Qofte me lulelakër dhe quinoa..136
61. Qofte me qiqra dhe spinaq..138
62. Qofte me patate të ëmbla dhe qiqra.................................140
63. Qofte me kërpudha dhe thjerrëza....................................142
64. Qofte me karrota dhe kungull i njomë............................144

65. Quinoa dhe qofte me kërpudha..................146
66. Qofte me fasule të zeza dhe misër.............148
67. Qofte brokoli dhe djathi Cheddar..............150
68. Qofte me lulelakër dhe djathë.................152
69. Qofte me kërpudha dhe arra me rozmarinë......154
BAFTE PERIME...156
70. Burgera me panxhar të kuq me rukolë..........157
71. Pekan- thjerrëza..............................160
72. Burgera me fasule të zeza....................162
73. Patty me tërshërë dhe perime.................164
74. Petë me fasule të bardha dhe arra............166
75. Burgera me fasule Garbanzo...................169
76. Pemë perimesh me thjerrëza bulgur............171
77. Petë tofu me kërpudha........................173
78. Patty me thjerrëza, bizele dhe karrota.......175
79. Pete perimesh te shpejta.....................177
80. Tex-Mex veggie pety..........................179
81. Petë me fasule vegjetale.....................182
82. Qepë Tërshërë Patties........................184
83. Petë me kërpudha të egra....................186
84. Patate perimesh Tofu Tahini..................188
85. Grilë për fasule të zeza dhe kikirikë........190
86. Petë me tërshërë elbi dhe selino............192
87. Petë Tempeh dhe Qepë........................194
88. Patty e përzier me fasule dhe tërshërë......196
89. tempeh dhe arra..............................198
90. Patties Macadamia-Cashew.....................200
91. Burgera me qiqra të arta....................202
92. Bishta me qiqra të pjekura..................204
93. Patties Pinto Bean me Mayo...................206
94. Burger oriz me thjerrëza f...................209
95. Shiitake dhe Oats patty......................211
96. tërshërë , Petë me perime dhe mocarela......213
97. Petë me arra dhe perime.....................215
98. Burgera marokene Yam Veggie..................217

99. Burger me thjerrëza, fëstëkë dhe shiitake............220
100. Burgers vegan me proteina të larta............223
PËRFUNDIM............226

PREZANTIMI

Mirë se vini në botën e qofteve me perime! Në këtë libër gatimi, ju ftojmë të eksploroni mundësitë e shijshme dhe të shëndetshme të qofteve me bazë bimore. Qoftet me perime ofrojnë një mënyrë krijuese dhe të kënaqshme për të shijuar shijet dhe teksturat e perimeve, ndërkohë që ofrojnë një alternativë ushqyese ndaj qofteve tradicionale. Ky libër gatimi është udhëzuesi juaj për të zotëruar artin e qofteve me perime dhe për të krijuar pjata ushqyese dhe me shije që do të kënaqin si veganët ashtu edhe dashamirët e mishit.

Qoftet me perime janë një dëshmi e shkathtësisë dhe bollëkut të përbërësve me bazë bimore. Nga thjerrëzat dhe qiqrat tek kërpudhat dhe quinoa, mundësitë për të krijuar alternativa të shijshme qofte janë të pafundme. Në këtë libër gatimi, ne festojmë pasurinë dhe shumëllojshmërinë e qofteve me perime, duke ju paraqitur një koleksion recetash që kombinojnë perime, drithëra dhe erëza të ndryshme për të krijuar kafshata të këndshme që janë sa të kënaqshme dhe ushqyese.

Brenda këtyre faqeve, do të zbuloni një thesar recetash që shfaqin kreativitetin dhe shijet e qofteve me perime. Nga qoftet klasike të stilit italian me një kthesë me bazë bimore deri te krijimet e frymëzuara globalisht që përfshijnë një shumëllojshmëri barishtesh dhe erëzash, ne kemi kuruar një koleksion që do t'i çojë shijet tuaja në një udhëtim me shije. Çdo recetë është krijuar për t'ju ofruar një kombinim të ekuilibruar të shijeve, teksturave dhe lëndëve ushqyese, duke siguruar një përvojë të kënaqshme dhe të këndshme ngrënieje.

Por ky libër gatimi është më shumë sesa thjesht një përmbledhje e recetave të qofteve me perime. Ne do t'ju udhëzojmë përmes artit të krijimit të teksturave dhe shijeve të ngjashme me qoftet duke përdorur përbërës me bazë bimore, do të ofrojmë këshilla për agjentët lidhës dhe erëzat dhe do të ndajmë teknika për arritjen e strukturës dhe konsistencës perfekte. Pavarësisht nëse jeni një kuzhinier i kalitur me bazë bimore ose i ri në botën e qofteve me perime, qëllimi ynë është t'ju fuqizojmë të krijoni pjata të shijshme dhe të shëndetshme që do të kënaqin shijet tuaja dhe do të ushqejnë trupin tuaj.

Pra, nëse jeni duke kërkuar një alternativë më të shëndetshme për qoftet tradicionale, duke eksploruar ushqimin me bazë bimore, ose thjesht kërkoni të përfshini më shumë perime në dietën tuaj, le të jetë udhëzuesi juaj "Nga kopshti në pjatë: Libri i qofteve me perime". Bëhuni gati të shijoni kreativitetin dhe shijet e qofteve me perime dhe të filloni një udhëtim të shijshëm që feston bollëkun dhe shkathtësinë e përbërësve me bazë bimore.

Qofte PERIME

1. Qofte me panxhar të kuq

PËRBËRËSIT:

- 15 ons fasule të kuqe të lehta mund
- 2 ½ lugë gjelle vaj ulliri ekstra të virgjër
- 2 ½ ons kërpudha Cremini
- 1 qepë e kuqe
- ½ filxhan oriz kaf të gatuar
- ¾ filxhan Panxhar të papërpunuar
- 1/3 filxhan fara kërpi
- 1 lugë çaji piper i zi i bluar
- ½ lugë çaji kripë deti
- ½ lugë çaji farë koriandër të bluar
- 1 zëvendësues veganësh

UDHËZIME:

- Ngrohni furrën në 375°F. Grini mirë kokrrat në një tas dhe lërini mënjanë.
- Ngrohni vajin në një tigan që nuk ngjit mbi nxehtësinë mesatare.
- Shtoni kërpudhat dhe qepën dhe skuqini derisa të zbuten, rreth 8 minuta.
- Transferoni përzierjen e perimeve në tasin e përzierjes me fasulet.
- Përzieni orizin, panxharin, farat e kërpit, piperin, kripën dhe koriandrin derisa të kombinohen.
- Shtoni zëvendësuesin vegan të vezëve dhe përzieni derisa të kombinohen mirë.
- Formoni përzierjen në katër topa dhe vendoseni në një tepsi të pazbardhur të veshur me letër pjekjeje.
- Lyejeni lehtë pjesën e sipërme të qofteve me ½ lugë gjelle vaj duke përdorur majat e gishtave.

- Piqeni për 1 orë. Kthejeni me shumë butësi mbi çdo qofte dhe piqni derisa të jetë i freskët, i fortë dhe i skuqur, rreth 20 minuta më shumë.

2.Qofte perimesh me thjerrëza jeshile

PËRBËRËSIT:
- 1 qepë e verdhë e grirë imët
- 1 karotë e madhe e qëruar dhe e prerë në kubikë
- 4 thelpinj hudhra te grira
- 2 gota thjerrëza jeshile të gatuara
- 2 lugë pastë domate
- 1 lugë çaji rigon
- 1 lugë çaji borzilok të thatë
- ¼ filxhan maja ushqyese
- 1 lugë çaji kripë deti
- 1 filxhan fara kungulli

UDHËZIME:
- Në një procesor ushqimi, kombinoni të gjithë përbërësit.
- Pulsoni për t'u kombinuar, duke lënë pak teksturë.
- Formoni thjerrëzat në 4 qofte.

3.Kopjoni Ikea Balls Veggie

PËRBËRËSIT:

- 1 kanaçe qiqra, të konservuara
- 1 filxhan spinaq të ngrirë
- 3 karota
- ½ piper zile
- ½ filxhan misër i ëmbël i konservuar
- 1 filxhan bizele jeshile
- 1 qepë
- 3 thelpinj hudhër
- 1 filxhan miell tërshërë
- 1 luge vaj ulliri
- Erëza

UDHËZIME:

- Shtoni të gjitha perimet në një përpunues ushqimi dhe pulsoni derisa të jenë copëtuar imët.
- Tani shtoni spinaqin e ngrirë, por të shkrirë ose të freskët, sherebelën e tharë dhe majdanozin e tharë.
- Shtoni qiqrat e konservuara & Pulse derisa të bashkohen.
- Përziejini dhe gatuajeni për 1-2 minuta.
- Për të bërë topa perimesh, grijini një top dhe formësojeni me duar.
- Vendosni topat në letër pergamene ose një fletë pjekjeje.
- I pjekim për 20 minuta derisa të kenë një kore krokante.

4.Qofte me Kuinoa me barishte

PËRBËRËSIT:
- 2 gota quinoa të gatuar
- ¼ filxhan djathë parmixhano vegan, i grirë
- ¼ filxhan djathë vegan asiago, i grirë
- ¼ filxhani borzilok i freskët, i grirë
- 2 lugë gjelle cilantro të freskët, të grirë
- 1 lugë çaji rigon i freskët, i grirë
- ½ lugë çaji trumzë e freskët
- 3 thelpinj hudhre te vogla, te grira imet
- 1 vezë e madhe
- 2 majë të mëdha kripë kosher
- ½ lugë çaji piper i zi
- ¼ filxhani thërrime buke të stazhionuara italiane
- 1 majë deri në ¼ lugë çaji thekon spec të kuq të grimcuar

UDHËZIME:
- Përziejini të gjithë përbërësit në një tas të madh.
- Hidhni pak vaj ulliri në tiganin e parangrohur.
- Formoni një qofte pak më të vogël se një top golfi dhe vendosni qoftet në tigan.
- E pjekim në një tigan ose në një tepsi të mbyllur dhe e pjekim në furrë të parangrohur për 25 minuta.

5.Qofte me fasule të zeza

PËRBËRËSIT:
- 3 lugë vaj ulliri
- ½ filxhan qepë të grirë
- 1 thelpi hudhër, e grirë
- 1½ filxhan fasule të zeza
- 1 lugë majdanoz i freskët i grirë
- ½ filxhan panko të thatë pa erëza
- ¼ filxhan miell gluten gruri
- 1 lugë çaji paprika e tymosur
- ½ lugë çaji trumzë e thatë
- Kripë dhe piper i zi i sapo bluar

UDHËZIME:
- Në një tigan ngrohni 1 lugë vaj dhe ngrohni për disa minuta.
- Shtoni qepën dhe hudhrën dhe ziejini derisa të zbuten, rreth 5 minuta.
- Transferoni përzierjen e qepëve në një përpunues ushqimi.
- Shtoni fasulet, majdanozin, pankon , miellin, paprikën, trumzën dhe kripë e piper për shije.
- Përpunoni derisa të kombinohen mirë, duke lënë pak teksturë.
- Formoni përzierjen në 4 qofte të barabarta dhe vendoseni në frigorifer për 20 minuta.
- Në një tigan, ngrohni 2 lugët e mbetura vaj në zjarr mesatar.
- Shtoni qoftet dhe ziejini derisa të marrin ngjyrë kafe nga të dyja anët, duke i kthyer një herë, rreth 5 minuta për çdo anë.

6.Qofte me tërshërë dhe perime

PËRBËRËSIT:
- 2 lugë gjelle plus 1 lugë çaji vaj ulliri
- 1 qepë, e grirë
- 1 karotë, e grirë në rende
- 1 filxhan arra të përziera pa kripë
- ¼ filxhan miell gluten gruri
- ½ filxhan tërshërë të modës së vjetër, plus më shumë nëse është e nevojshme
- 2 lugë gjalpë kikiriku kremoz
- 2 lugë majdanoz të freskët të grirë
- ½ lugë çaji kripë
- ¼ lugë çaji piper i zi i sapo bluar

UDHËZIME:
- Në një tigan, ngrohni 1 lugë çaji vaj në zjarr të moderuar.
- Shtoni qepën dhe gatuajeni derisa të jetë e butë, rreth 5 minuta. Përzieni karrotën dhe lëreni mënjanë.
- Në një përpunues ushqimi, pulsoni arrat derisa të copëtohen.
- Shtoni përzierjen e qepë-karrotës së bashku me miellin, tërshërën, gjalpin e kikirikut, majdanozin, kripën dhe piperin. Procedoni derisa të përzihet mirë.
- Formoni përzierjen në 4 qofte të barabarta.
- Në një tigan ngrohni 2 lugët e mbetura vaj në zjarr, shtoni qoftet dhe ziejini derisa të marrin ngjyrë kafe nga të dyja anët, rreth 5 minuta për çdo anë.

7.Qofte me fasule te bardha dhe arra

PËRBËRËSIT:
- ¼ filxhan qepë të prerë në kubikë
- 1 thelpi hudhër, e shtypur
- 1 filxhan copa arre
- 1 filxhan fasule të bardha të konservuara ose të ziera
- 1 filxhan miell gluten gruri
- 2 lugë majdanoz të freskët të grirë
- 1 lugë gjelle salcë soje
- 1 lugë çaji mustardë Dijon, plus më shumë për të shërbyer
- ½ lugë çaji kripë
- ½ lugë çaji sherebelë e bluar
- ½ lugë çaji paprika e ëmbël
- ¼ lugë çaji shafran i Indisë
- ¼ lugë çaji piper i zi i sapo bluar
- 2 luge vaj ulliri

UDHËZIME:
- Në një përpunues ushqimi, bashkoni qepën, hudhrën dhe arrat dhe përpunoni derisa të bluhen imët.
- Gatuani fasulet në një tigan mbi nxehtësi, duke i përzier, për 1 deri në 2 minuta që të avullojë çdo lagështi.
- Shtoni fasulet në procesorin e ushqimit së bashku me miellin, majdanozin, salcën e sojës, mustardën, kripën, sherebelën, paprikën, shafranin e Indisë dhe piperin.
- Procedoni derisa të përzihet mirë. Formoni përzierjen në 4 qofte të barabarta.
- Në një tigan, ngrohni vajin në nxehtësi të moderuar.
- Shtoni qoftet dhe ziejini derisa të marrin ngjyrë kafe nga të dyja anët, rreth 5 minuta për çdo anë.

8.Garbanzo dhe karrota

PËRBËRËSIT:
- 2 gota fasule garbanzo pure
- Secila nga 1 kërcell selino të grirë hollë
- 1 çdo karotë, të grirë hollë
- ¼ qepë, e grirë
- ¼ filxhan miell gruri të plotë
- Kripë dhe piper për shije
- 2 lugë çaji me vaj

UDHËZIME:
- Përziejini përbërësit, përveç vajit, në një enë.
- Formoni 6 qofte.
- Skuqini në një tigan të lyer me vaj në zjarr mesatar deri në të lartë derisa qoftet të marrin ngjyrë kafe të artë nga secila anë.

9.Qofte bulgur dhe thjerrëza të pjekura në skarë

PËRBËRËSIT:

- 2 gota Thjerrëza të gatuara
- 1 filxhan kërpudha Portobello të tymosur,
- 1 filxhan grurë bulgur
- 2 thelpinj hudhër të pjekur,
- 2 lugë vaj arre
- $\frac{1}{4}$ lugë çaji Tarragon, i grirë
- Kripë dhe piper për shije

UDHËZIME:

- Përgatitni një skarë me dru ose qymyr dhe lëreni të digjet deri në prush.
- Në një tas, grijini thjerrëzat derisa të jenë të lëmuara.
- Shtoni të gjithë përbërësit dhe përziejini derisa të kombinohen plotësisht.
- Lëreni në frigorifer për të paktën 2 orë. Formoni qofte.
- Lyejini qoftet me vaj ulliri dhe skuqini për 6 minuta nga secila anë ose derisa të jenë gati.

10. Qofte tofu me kërpudha

PËRBËRËSIT:
- ½ filxhan tërshërë të mbështjellë
- 1¼ filxhan bajame të grira trashë
- 1 lugë gjelle vaj ulliri ose kanola
- ½ filxhan qepë të gjelbër të copëtuar
- 2 lugë çaji hudhër të grirë
- 1½ filxhan Kremini i copëtuar
- ½ filxhan basmati kafe të gatuar
- ⅓ filxhan djathë çedër vegan
- ⅔ filxhan Tofu i fortë me pure
- 1 zëvendësues veganësh
- 3 lugë majdanoz të grirë
- ½ filxhan panko të thatë

UDHËZIME:
- Ngrohim vajin në një tigan dhe kaurdisim qepët, hudhrat dhe kërpudhat derisa të zbuten.
- Shtoni tërshërën dhe vazhdoni të gatuani për 2 minuta të tjera duke e përzier vazhdimisht.
- Kombinoni përzierjen e qepëve me orizin, djathin vegan, tofu dhe zëvendësuesin e veganëve vegan.
- Majdanoz, panko dhe bajame dhe përziejini për t'u kombinuar. I rregullojmë sipas shijes me kripë dhe piper.
- Formoni 6 qofte dhe kaurdisni ose ziejini derisa të marrin ngjyrë të artë dhe të freskët nga jashtë.

1.thjerrëza , bizele dhe karrota

PËRBËRËSIT:
- ½ qepë e copëtuar
- ½ filxhan Thjerrëza jeshile të gatuara
- ⅓ filxhan Bizele të gatuara
- 1 karotë e grirë
- 1 lugë majdanoz i freskët i grirë
- 1 lugë çaji Tamari
- 2 gota panko
- ¼ filxhan miell
- 1 zëvendësues veganësh

UDHËZIME:
- Kaurdisni qepën derisa të zbutet, përzieni të gjithë përbërësit përveç miellit dhe lëreni të ftohet.
- Formoni përzierjen në qofte dhe skuqeni në një tigan.

12. Qofte me kërpudha dhe perime

PËRBËRËSIT:
- 10 ons Perime, të përziera, të ngrira
- 1 zëvendësues veganësh
- majë kripë dhe piper
- ½ filxhan Kërpudha, të freskëta, të copëtuara
- ½ filxhan panko
- 1 qepë, e prerë në feta

UDHËZIME:
- Ngroheni furrën në 350 gradë.
- Ziejini perimet me avull derisa të zbuten
- Lëreni mënjanë të ftohet.
- Pritini imët perimet e ziera në avull dhe përzieni me vezën vegane, kripë, piper, kërpudha dhe panko.
- Formoni përzierjen në qofte.
- Vendosni qoftet, sipër me feta qepë, në një tepsi të lyer me pak vaj.
- E pjekim, duke e kthyer një herë, derisa të marrë ngjyrë kafe dhe të bëhet krokante nga të dyja anët, rreth 45 minuta.

13. vegjetale TexMex

PËRBËRËSIT:
- 15¼ ons Misër i plotë i konservuar
- ½ filxhan Lëng i rezervuar
- ½ filxhan miell misri
- ½ filxhan qepë, e grirë imët
- ⅓ filxhan Piper zile të kuqe, i grirë hollë
- ½ lugë çaji lëvore lime, e grirë
- ¼ filxhan oriz i bardhë i gatuar
- 3 lugë gjelle cilantro e freskët, e copëtuar
- 4 lugë çaji piper kili Jalapeno
- ½ lugë çaji qimnon i bluar
- 4 tortilla me miell, 9- deri në 10 inç

UDHËZIME:
- Përzieni ½ filxhan kokrra misri dhe 1 lugë gjelle miell misri në procesor derisa të formohen grumbuj të lagësht.
- Shtoni ¾ filxhan kokrra misri dhe përpunoni për 10 sekonda
- Transferoni përzierjen e misrit në një tenxhere të rëndë që nuk ngjit.
- Shtoni ½ filxhan lëng misri, qepë, piper zile dhe lëvozhgë gëlqereje.
- Mbulojeni dhe gatuajeni në zjarr shumë të ulët derisa të trashet dhe fort, duke e përzier shpesh, për 12 minuta.
- Përzieni me oriz, cilantro, jalapeño, kripë dhe qimnon.
- Hidhni ¼ të përzierjes në secilën prej 4 copave të folisë dhe shtypni copat në qofte ¾ inç të trashë.
- Përgatitni Barbecue.
- Spërkatni të dyja anët e qofteve me llak që nuk ngjit dhe piqini në skarë derisa të jenë të freskëta, rreth 5 minuta për çdo anë.

- Grijini tortillat në skarë derisa të jenë të lakueshme, rreth 30 sekonda për anë

14.Qofte fasule të pjekura në skarë

PËRBËRËSIT:

- 2 ons Fasule të përziera të gatuara
- 1 qepë, e grirë imët
- 1 karotë e grirë hollë
- 1 lugë çaji ekstrakt perimesh
- 1 lugë çaji barishte të thata të përziera
- 1 ons vakt i plotë panko

UDHËZIME:

- Përziejini të gjithë përbërësit në një procesor ushqimi ose blender derisa të jenë pothuajse të lëmuara.
- Formoni 4 qofte të trasha dhe ftoheni mirë.
- Lyejeni me vaj dhe ziejini në skarë ose skarë për rreth 15 minuta, duke e kthyer një ose dy herë.
- Shërbejeni në baps susami me shije, sallatë dhe patate të skuqura.

15. Qepë Tërshërë Qofte

PËRBËRËSIT:

- 4 gota Ujë
- ½ filxhan salcë soje me pak kripë
- ½ filxhan Maja ushqyese
- 1 qepë të prerë në kubikë
- 1 lugë gjelle rigon
- ½ lugë hudhër pluhur
- 1 lugë gjelle borzilok të thatë
- 4½ filxhanë tërshërë të modës së vjetër

UDHËZIME:

- Vërini të gjithë përbërësit përveç tërshërës të ziejnë.
- Uleni nxehtësinë në të ulët dhe përzieni 4½ filxhanë tërshërë të mbështjellë.
- Gatuani për rreth 5 minuta derisa uji të përthithet.
- Mbushni një tavë drejtkëndëshe që nuk ngjit me masën
- Piqeni në 350 F. për 25 minuta.
- Më pas i presim në qofte 4" katrorë dhe i kthejmë përmbi.
- Gatuani edhe 20 minuta të tjera.
- Shërbejeni si pjatë kryesore, të nxehtë ose të ftohtë.

16.Qofte me kërpudha të egra

PËRBËRËSIT:

- 2 lugë çaji vaj ulliri
- 1 qepë e verdhë, e grirë mirë
- 2 qepe, të qëruara dhe të grira
- $\frac{1}{8}$ lugë çaji kripë
- 1 filxhan kërpudha të thata shiitake
- 2 gota Kërpudhat Portobello
- 1 pako Tofu
- ⅓ filxhan embrion gruri i thekur
- ⅓ filxhan panko
- 2 lugë salcë soje e lehtë
- 1 lugë çaji me aromë të lëngshme tymi
- $\frac{1}{2}$ lugë çaji hudhër të grimcuar
- $\frac{3}{4}$ filxhan tërshërë për gatim të shpejtë

UDHËZIME:

- Kaurdisni qepët, qepujt dhe kripën në vaj ulliri për rreth 5 minuta.
- Kërpudhat shiitake të zbutura me rrjedhin dhe grijini ato me kërpudha të freskëta në një përpunues ushqimi. Shtoni dy qepë.
- Gatuani për 10 minuta, duke e përzier herë pas here për të parandaluar ngjitjen.
- Përziejini kërpudhat me tofu-në e grirë, shtoni përbërësit e mbetur dhe përziejini mirë.
- Lagni duart për të parandaluar ngjitjen dhe formoni qofte.
- Piqeni për 25 minuta, duke e kthyer një herë pas 15 minutash.

17.Qofte Tofu Tahini Veggie

PËRBËRËSIT:

- 1 kile tofu e fortë, e kulluar
- 1½ filxhan tërshërë të papërpunuar
- ½ filxhan karrota të grira
- 1 qepë të skuqur të grirë
- 1 lugë gjelle Tahini, pak a shumë
- 1 lugë gjelle salcë soje

UDHËZIME:

- Shtoni një përzierje të erëzave dhe barishteve të zgjedhura.
- Formoni qofte në tepsi.
- I pjekim ne 350 per 20 minuta, i kthejme dhe i pjekim edhe 10 minuta.

18.Qofte me fasule të zeza dhe kikirikë

PËRBËRËSIT:

- 1 filxhan granula TVP
- 1 gotë ujë
- 1 lugë gjelle salcë soje
- 15 ons kanaçe me fasule të zeza
- ½ filxhan miell jetik me gluten gruri
- ¼ filxhan salcë Barbecue
- 1 lugë tym të lëngshëm
- ½ lugë çaji piper i zi
- 2 lugë gjalpë kikiriku

UDHËZIME:

- Rikonstituoni TVP-në duke e përzier me ujin dhe salcën e sojës në një tas të sigurt për mikrovalë, duke e mbuluar fort me mbështjellës plastik dhe duke e vendosur në mikrovalë për 5 minuta.
- Shtoni fasulet, glutenin e grurit, salcën e Barbecue, tymin e lëngshëm, piperin dhe gjalpin e kikirikut në TVP-në e rindërtuar pasi të jetë ftohur mjaftueshëm për tu trajtuar.
- E grijmë së bashku me duar derisa të jetë uniforme dhe pjesa më e madhe e fasuleve të jenë bërë pure.
- Formoni 6 qofte.
- Grijini në skarë, duke e lyer me salcën shtesë të skarës ndërsa shkoni, rreth 5 minuta për çdo anë.

19. Qofte vegane me proshutë

PËRBËRËSIT:
- 1 filxhan granula TVP
- 2 lugë salcë bifteku
- 1 lugë tym të lëngshëm
- ¼ filxhan vaj kanola
- 1/3 filxhan gjalpë kikiriku
- ½ filxhan miell jetik me gluten gruri
- ½ filxhan copa proshutë vegane
- ¼ filxhan maja ushqyese
- 1 lugë gjelle paprika
- 1 lugë hudhër pluhur
- 1 lugë çaji piper i zi i bluar

UDHËZIME:
- Rindërtoni TVP-në duke përzier TVP-në, ujin, salcën e biftekut dhe tymin e lëngshëm në një tas të sigurt për mikrovalë, duke e mbuluar fort me mbështjellës plastik dhe duke e ngrohur në mikrovalë për 5 minuta.
- Shtoni vajin dhe gjalpin e kikirikut në përzierjen TVP.
- Në një tas, përzieni glutenin e grurit, copat e proshutës vegan, majanë, paprikën, pluhurin e hudhrës dhe piperin e zi.
- Shtoni përzierjen TVP në përzierjen e miellit dhe gatuajeni derisa të përfshihet mirë.
- Mbulojeni dhe lëreni të qëndrojë për 20 minuta.
- Formoni 4 deri në 6 qofte dhe përgatisni sipas dëshirës.

20. Qofte tërshërë elbi

PËRBËRËSIT:

- 1 filxhan fasule gjalpë të konservuar
- ¾ filxhan Bulgur, i gatuar
- ¾ filxhan Elb, i gatuar
- ½ filxhan bollgur i shpejtë, i pazier
- 1½ lugë salcë soje
- 2 lugë salcë Barbecue
- 1 lugë çaji borzilok të thatë
- ½ filxhan qepë, të grira imët
- 1 thelpi hudhër, i grirë imët
- 1 kërcell selino, të grirë
- 1 lugë çaji Kripë
- Piper dy çelësa

UDHËZIME:

- Me një pirun ose pure patate, grijini pak fasulet.
- Shtoni pjesën tjetër të përbërësve dhe formoni 6 qofte.
- Spërkateni tiganin me vaj dhe qoftet në kafe nga të dyja anët.

21.Qofte Tempeh & Arra

PËRBËRËSIT:

- 8 ons tempeh, të prera në zare ½ inç
- ¾ filxhan qepë të copëtuar
- 2 thelpinj hudhre, te prera
- ¾ filxhan arra të copëtuara
- ½ filxhan tërshërë të modës së vjetër ose të gatuar shpejt
- 1 lugë majdanoz i freskët i grirë
- ½ lugë çaji rigon të tharë
- ½ lugë çaji trumzë e thatë
- ½ lugë çaji kripë
- ¼ lugë çaji piper i zi i sapo bluar
- 3 lugë vaj ulliri

UDHËZIME:

- Në një tenxhere me ujë të zier, gatuajeni tempehin për 30 minuta.
- Kullojeni dhe lëreni mënjanë të ftohet.
- Në një procesor ushqimi, bashkoni qepën dhe hudhrën dhe përzieni derisa të grihen.
- Shtoni tempehin e ftohur, arrat, tërshërën, majdanozin, rigonin, trumzën, kripën dhe piperin.
- Procedoni derisa të përzihet mirë. Formoni përzierjen në 4 qofte të barabarta.
- Në një tigan, ngrohni vajin në nxehtësi të moderuar.
- Shtoni qoftet dhe ziejini plotësisht derisa të marrin ngjyrë kafe nga të dyja anët, 7 minuta për çdo anë.

22. Qofte të përziera me fasule dhe tërshërë

PËRBËRËSIT:

- 1 luge vaj ulliri
- 1 qepë, e grirë
- 4 thelpinj hudhre, te grira
- 1 karotë, e grirë
- 1 lugë çaji qimnon i bluar
- 1 lugë çaji djegës pluhur
- Piper dy çelësa
- 15 *ons* fasule pinto, të shpëlarë, të kulluar dhe të grirë
- 15 *ons* fasule të zeza, të shpëlarë, të kulluar dhe të grira
- 1 lugë gjelle ketchup
- 2 lugë mustardë Dijon
- 2 lugë salcë soje
- $1\frac{1}{2}$ filxhan tërshërë
- $\frac{1}{2}$ filxhan salsa

UDHËZIME:

- Shtoni vajin e ullirit në një tigan mbi zjarr.
- Gatuani qepën për 2 minuta, duke e përzier shpesh.
- Hidhni hudhrën. Më pas, gatuajeni për 1 minutë.
- Shtoni karotën, qimnonin e bluar dhe pluhurin djegës.
- Gatuani duke e trazuar për 2 minuta.
- Transferoni përzierjen e karotës në një tas.
- Përzieni fasulet e grira, ketchup, mustardën, salcën e sojës dhe tërshërën.
- Formoni qofte.
- Ziejini qoftet në skarë për 4 deri në 5 minuta për çdo anë.

23. Tempeh & Arra

PËRBËRËSIT:
- 8 ons tempeh, të prera në zare ½ inç
- ¾ filxhan qepë të copëtuar
- 2 thelpinj hudhre, te prera
- ¾ filxhan arra të copëtuara
- ½ filxhan tërshërë të modës së vjetër ose të gatuar shpejt
- 1 lugë majdanoz i freskët i grirë
- ½ lugë çaji rigon të tharë
- ½ lugë çaji trumzë e thatë
- ½ lugë çaji kripë
- ¼ lugë çaji piper i zi i sapo bluar
- 3 lugë vaj ulliri

UDHËZIME:
- Në një tenxhere me ujë të zier, gatuajeni tempehin për 30 minuta.
- Kullojeni dhe lëreni mënjanë të ftohet.
- Në një procesor ushqimi, bashkoni qepën dhe hudhrën dhe përzieni derisa të grihen.
- Shtoni tempehin e ftohur, arrat, tërshërën, majdanozin, rigonin, trumzën, kripën dhe piperin.
- Procedoni derisa të përzihet mirë. Formoni përzierjen në 4 qofte të barabarta.
- Në një tigan, ngrohni vajin në nxehtësi të moderuar.
- Shtoni qoftet dhe ziejini derisa të gatuhen plotësisht dhe të skuqen nga të dyja anët, rreth 7 minuta për çdo anë.

24. Macadamia Carrot Qofte

PËRBËRËSIT:

- 1 filxhan arra makadamia të copëtuara
- 1 filxhan shqeme të copëtuara
- 1 karotë, e grirë në rende
- 1 qepë, e grirë
- 1 thelpi hudhër, e grirë
- 1 jalapeño ose një djegës tjetër jeshil, me fara dhe të grirë
- 1 filxhan tërshërë të modës së vjetër
- 1 filxhan miell bajamesh të thatë pa erëza
- 2 lugë gjelle cilantro të freskët të grirë
- ½ lugë çaji koriandër të bluar
- Kripë dhe piper i zi i sapo bluar
- 2 lugë çaji lëng limoni të freskët
- Kanola ose vaj rrushi, për tiganisje

UDHËZIME:

- Në një përpunues ushqimi, kombinoni arrat makadamia, shqeme, karotën, qepën, hudhrën, kilin, tërshërën, miellin e bajameve, cilantro, koriandër dhe kripë e piper për shije.
- Procedoni derisa të përzihet mirë. Shtoni lëngun e limonit dhe përpunoni derisa të përzihet mirë.
- Shijoni, duke rregulluar erëzat nëse është e nevojshme.
- Formoni përzierjen në 4 qofte të barabarta.
- Në një tigan, ngrohni një shtresë të hollë vaji mbi nxehtësinë mesatare.
- Shtoni qoftet dhe ziejini derisa të marrin ngjyrë kafe të artë nga të dyja anët, duke i kthyer një herë rreth 10 minuta në total.

25.qiqrash të pjekura

PËRBËRËSIT:

- 3 lugë vaj ulliri
- 1 qepë, e grirë
- 1½ lugë çaji pluhur kerri të nxehtë ose të butë
- ½ lugë çaji kripë
- 1/8 lugë çaji kajen e bluar
- 1 filxhan qiqra të gatuara
- 1 lugë majdanoz i freskët i grirë
- ½ filxhan miell gluten gruri
- 1/3 filxhan miell bajamesh të thatë pa erëza

UDHËZIME:

- Në një tigan, ngrohni 1 lugë gjelle vaj në zjarr të moderuar.
- Shtoni qepën, mbulojeni dhe gatuajeni derisa të zbutet, 5 minuta. Përzieni 1 lugë çaji pluhur kerri, kripë dhe kajen dhe hiqeni nga zjarri. Le menjane.
- Në një përpunues ushqimi, kombinoni qiqrat, majdanozin, miellin me gluten gruri, miellin e bajames dhe qepën e gatuar.
- Formoni përzierjen e qiqrave në 4 qofte të barabarta dhe lëreni mënjanë.
- Në një tigan, ngrohni 2 lugët e mbetura vaj në zjarr mesatar.
- Shtoni qoftet, mbulojeni dhe ziejini derisa të marrin ngjyrë kafe të artë nga të dyja anët, duke i kthyer një herë, rreth 5 minuta për çdo anë.
- Në një tas, bashkoni ½ lugë çaji pluhur kerri me majonezën, duke e trazuar dy përzierje.

26. Qofte Pinto Bean me majo

PËRBËRËSIT:

- 1½ filxhan fasule pinto të gatuara
- 1 qepe, e prerë
- 1 thelpi hudhër, e grirë
- 2 lugë gjelle cilantro të freskët të copëtuar
- 1 lugë çaji erëza kreole
- ¼ filxhan miell gluten gruri
- Kripë dhe piper i zi i sapo bluar
- ½ filxhan miell bajamesh të thatë të pa erëza
- 2 lugë çaji lëng limoni të freskët
- 1 serrano djegës, i prerë dhe i grirë
- 2 luge vaj ulliri

UDHËZIME:

- Fshijini fasulet me peshqir letre për të thithur lagështinë e tepërt.
- Në një përpunues ushqimi, kombinoni fasulet, qepën, hudhrën, cilantron, erëzat kreole, miellin dhe kripën dhe piperin për shije. Procedoni derisa të përzihet mirë.
- Formoni përzierjen në 4 qofte të barabarta, duke shtuar më shumë miell nëse është e nevojshme.
- Thërrmoni qoftet në miell bajamesh. Lëreni në frigorifer për 20 minuta.
- Në një tas, kombinoni majonezën, lëngun e limonit dhe serrano chile.
- I rregullojmë me kripë dhe piper sipas shijes, i përziejmë mirë dhe i vendosim në frigorifer derisa të jenë gati për t'u shërbyer.
- Në një tigan, ngrohni vajin në nxehtësi të moderuar.

- Shtoni qoftet dhe gatuajeni derisa të marrin ngjyrë kafe dhe të bëhen krokante nga të dyja anët, rreth 5 minuta për çdo anë.

7. thjerrëza, kërpudha dhe oriz

PËRBËRËSIT:

- ¾ filxhan Thjerrëzat
- 1 Patate e ëmbël
- 10 Gjethet e freskëta të spinaqit
- 1 filxhan Kërpudha të freskëta, të copëtuara
- ¾ filxhan miell bajamesh
- 1 lugë Tarragon
- 1 lugë Hudhra pluhur
- 1 lugë Thekon majdanoz
- ¾ filxhan Oriz me kokërr të gjatë

UDHËZIME:

- Gatuani orizin derisa të gatuhet dhe të ngjitet pak dhe thjerrëzat derisa të zbuten. Ftoheni pak.
- Grini imët një patate të qëruar dhe gatuajeni derisa të jetë e butë. Ftoheni pak.
- Gjethet e spinaqit duhet të shpëlahen dhe të grihen imët.
- Përziejini të gjithë përbërësit dhe erëzat duke shtuar kripë dhe piper për shije.
- Ftoheni në frigorifer për 15-30 min.
- Formoni qofte dhe kaurdisni në një tigan ose në një grill me perime.
- Sigurohuni që të lyeni me yndyrë ose të spërkatni një tavë me Pam pasi këto qofte do të priren të ngjiten.

8. Shiitake dhe gofte tërshërë

PËRBËRËSIT:
- 8 ons Tërshërë të mbështjellë
- 4 ons djathë mocarela vegane
- 3 ons kërpudha Shiitake të prera në kubikë
- 3 ons' Qepë të bardhë të prerë në kubikë
- 2 thelpinj hudhre te grira
- 2 ons piper i kuq i prerë në kubikë
- 2 ons zare kungull i njomë

UDHËZIME:
- Kombinoni të gjithë përbërësit në një procesor ushqimi.
- Pushoni çelësin e ndezjes/fikjes për të kombinuar përafërsisht përbërësit.
- Mos e përzieni shumë. Përzierja përfundimtare mund të bëhet me dorë.
- Formoni në qofte prej katër oce.
- Në një tigan shtoni një sasi vaj ulliri.
- Kur tigani të jetë i nxehtë, shtoni qofte.
- Gatuani një minutë për anë.

29.Qofte Mocarela me tërshërë dhe Vegane

PËRBËRËSIT:

- ½ filxhan Qepë të gjelbër, të copëtuar
- ¼ filxhan piper jeshil, i copëtuar
- ¼ filxhan majdanoz, i grirë
- ¼ lugë çaji piper i bardhë
- 2 thelpinj hudhër, të prera në kubikë
- ½ filxhan djathë Mozzarella Vegan, i grirë
- ¾ filxhan oriz kafe
- ⅓ filxhan ujë ose verë të bardhë
- ½ filxhan karotë, të grirë
- ⅔ filxhan Qepë, të copëtuar
- 3 bishta selino, të grira
- 1¼ lugë çaji kripë erëza
- ¾ lugë çaji trumzë
- ½ filxhan djathë vegan çedar, i grirë
- 2 gota tërshërë të shpejtë
- ¾ filxhan grurë bulgur

UDHËZIME:

- Gatuani orizin dhe grurin e bulgurit.
- Ziejini perimet për 3 minuta në një tigan të mbuluar, duke i trazuar një ose dy herë.
- I kullojmë mirë dhe e përziejmë me orizin dhe djathin vegan derisa djathi të shkrihet pak.
- Përziejini përbërësit e mbetur.
- Formoni qofte prej 4 ons.
- Gatuani për rreth 10 minuta secili në një skarë, duke përdorur llak gatimi.
- Shërbejeni si pjatë kryesore.

60.Qofte me arra dhe perime

PËRBËRËSIT:
- ½ qepë e kuqe
- 1 Prisni selino
- 1 karotë
- ½ spec i kuq zile
- 1 filxhan arra, të thekura, të bluara
- ½ filxhan panko
- ½ filxhan makarona orzo
- 2 zëvendësues vegan të vezëve
- Kripë dhe piper
- Feta avokado
- Feta qepë të kuqe
- Catsup
- mustardë

UDHËZIME:
- Kaurdisni në vaj selinon qepën, karotat dhe piperin e kuq derisa të zbuten
- Shtoni hudhrën, arrat, thërrimet dhe orizin. Formoni qofte.
- Skuqini në vaj derisa të marrin ngjyrë të artë.
- Mblidhni në një tas.

1.Qofte marokene Yam veggie

PËRBËRËSIT:
- 1½ filxhan embelsira e qeruar dhe e grire ne rende
- 2 thelpinj hudhër, të qëruara
- ¾ filxhan gjethe të freskëta cilantro
- 1 copë xhenxhefil të freskët, të qëruar
- Kanaçe prej 15 ons me qiqra, e kulluar dhe e shpëlarë
- 2 lugë liri të bluar të përziera me 3 lugë ujë
- ¾ filxhan tërshërë të mbështjellë, të grirë në miell
- ½ lugë gjelle vaj susami
- 1 lugë gjelle amino arrë kokosi ose tamari me pak natrium
- ½ lugë çaji kripë deti me grurë të imët ose kripë Himalaje rozë, për shije
- Piper i zi i sapo bluar me dy shije
- 1½ lugë çaji pluhur djegës
- 1 lugë çaji qimnon
- ½ lugë çaji koriandër
- ¼ lugë çaji kanellë
- ¼ lugë çaji shafran i Indisë
- ½ filxhan salcë tahini cilantro-lime

UDHËZIME:
- Ngrohni furrën në 350F.
- Rreshtoni një fletë pjekjeje me një copë letër pergamene.
- Grini hudhrën, cilantron dhe xhenxhefilin derisa të copëtohen imët.
- Shtoni qiqrat e kulluara dhe përpunojini sërish derisa të copëtohen imët, por lini pak strukturë. Hidheni këtë përzierje në një tas.

- Në një tas, përzieni së bashku përzierjen e lirit dhe ujit.
- Grini tërshërën në miell duke përdorur një blender ose një procesor ushqimi.
- Përziejeni këtë në përzierje së bashku me përzierjen e lirit.
- Tani përzieni vajin, aminoacidet/tamarin, kripën/piperin dhe erëzat derisa të kombinohen plotësisht. Rregullojeni te tasti nëse dëshironi.
- Formoni 6-8 qofte, duke e paketuar përzierjen fort së bashku. Vendoseni në tepsi.
- Piqni për 15 minuta, pastaj kthejeni me kujdes dhe piqni edhe për 18-23 minuta të tjera derisa të marrin ngjyrë të artë dhe të fortë. Ftoheni në tigan.

32. thjerrëza, fëstëkë dhe shiitake

PËRBËRËSIT:

- 3 qepe, të prera në kubikë
- 2 lugë çaji vaj ulliri
- ½ filxhan thjerrëza të zeza, të shpëlarë
- 6 kapele të thata kërpudhash shiitake
- ½ filxhan fëstëkë
- ¼ filxhan majdanoz të freskët, të grirë
- ¼ filxhan gluten jetik gruri
- 1 lugë Ener-G, e rrahur me ⅛ filxhan ujë
- 2 lugë çaji sherebelë të tharë të fërkuar
- ½ lugë çaji kripë
- ¼ lugë çaji piper i çarë

UDHËZIME:

- Kaverdisini qepujt e prerë në kubikë me vaj në zjarr të ulët. Le menjane.
- Lërini tre gota ujë të ziejnë.
- Shtoni thjerrëzat dhe kapakët e tharë të shiitake-s dhe vendoseni mbulesën mbi tenxhere në mënyrë që të mund të largohet pak avull gjatë gatimit.
- Ziejini për 18-20 minuta, më pas hidhini në një sitë me rrjetë të imët që të kullojnë dhe të ftohen.
- Hiqni shiitake nga thjerrëzat dhe grijini në kubikë, duke i hedhur kërcellet e forta.
- Vendosni fëstëkët në një përpunues ushqimi dhe grijini ato në mënyrë të trashë.
- Shtoni qepujt, thjerrëzat, kapakët shiitake të prera në kubikë, fëstëkët dhe majdanozin në një tas dhe përziejini derisa të kombinohen mirë.
- Shtoni glutenin vital të grurit dhe përzieni.

- Shtoni në përzierjen ujë/Energ-G dhe përzieni për rreth dy minuta me një pirun të fortë për të lejuar që gluteni të zhvillohet.
- Shtoni sherebelën dhe kripë e piper dhe i përzieni derisa të bashkohen mirë.
- Për të skuqur qoftet, i jepni në formë qofte, duke e shtrydhur pak përzierjen së bashku teksa po i jepni formë.
- Skuqini në një tigan me pak vaj ulliri për 2-3 minuta nga secila anë, ose derisa të skuqet pak.

3.Qofte vegane me proteina të larta

PËRBËRËSIT:
- 1 filxhan proteina vegjetale me teksturë
- ½ filxhan fasule të kuqe të ziera
- 3 lugë vaj
- 1 lugë gjelle shurup panje
- 2 lugë pastë domate
- 1 lugë gjelle salcë soje
- 1 lugë maja ushqyese
- ½ lugë çaji qimnon i bluar
- ¼ lugë çaji secila: spec djegës pluhur i grirë, hudhër pluhur, qepë pluhur, rigon
- ⅛ lugë çaji tym të lëngshëm
- ¼ filxhani ujë ose lëng panxhari
- ½ filxhan gluten jetik gruri

UDHËZIME:
- Lëreni një tenxhere me ujë të vlojë.
- Shtoni proteinën bimore me teksturë dhe ziejini për 10-12 minuta.
- Kullojeni TVP-në dhe shpëlajeni disa herë.
- Shtrydhni TVP-në me duart tuaja për të hequr lagështinë e tepërt.
- Në tasin e një përpunuesi ushqimi, shtoni fasulet e gatuara, vajin, shurupin e panjeve, pastën e domates, salcën e sojës, majanë ushqyese, erëzat, tymin e lëngshëm dhe ujin.
- Përpunoni për 20 sekonda, duke gërvishtur anët dhe përpunoni përsëri derisa të formohet një pure.
- Shtoni TVP-në e rihidratuar dhe përpunoni për 7-10 sekonda, ose derisa TVP të jetë copëtuar mirë.

- Transferoni përzierjen në një tas dhe shtoni glutenin vital të grurit.
- Përziejini, dhe më pas gatuajeni me duar për 2-3 minuta për të zhvilluar glutenin.
- Ndani masën në 3 dhe formoni qofte.
- Mbështilleni me kujdes çdo qofte me letër furre dhe më pas në letër alumini.
- Vendosni qoftet e mbështjella në një tenxhere me presion dhe ziejini me presion për $1\frac{1}{2}$ orë.
- Pasi të jenë zier, i mbështjellim qoftet dhe i lëmë të ftohen për 10 minuta.
- Skuqini qoftet në pak vaj derisa të marrin ngjyrë kafe të artë nga secila anë.
- Qoftet ruhen deri në 4 ditë në frigorifer.

34. Topa tofu

PËRBËRËSIT:

- 6 gota ujë; duke vluar
- 5 gota tofu; i shkërmoqur
- 1 filxhan bukë me drithëra të plota
- ¼ filxhan Tamari
- ¼ filxhan Maja ushqyese
- ¼ filxhan gjalpë kikiriku
- Zëvendësoni vezën me 1 vezë
- ½ filxhan qepë; i grirë imët
- 4 Thelbet e hudhres; e shtypur
- 1 lugë çaji trumzë
- 1 lugë çaji borzilok
- ¼ lugë çaji farë selino
- ¼ lugë çaji Karafil; terren

UDHËZIME:

- Hidhni të gjithë, përveç 1 filxhan tofu të grimcuar në ujin e vluar. Shtypni tofu.
- Shtoni përbërësit e mbetur në tofu të shtypur dhe përziejini mirë.
- Formoni përzieni në topa me madhësi arre dhe vendosini në një tepsi të lyer mirë me vaj.
- Piqeni në 350 gradë për 20-25 minuta ose derisa topat të jenë të fortë dhe të marrin ngjyrë kafe.
- Kthejini ato një herë gjatë pjekjes nëse është e nevojshme.

35. Qofte me lulelakra, fasule dhe spinaq f

PËRBËRËSIT:

- 9 oz lulelakra, të gatuara
- 7 oz spinaq i grirë i copëtuar, i shkrirë
- 400 gr fasule te zeza te kulluara
- 2 thelpinj hudhre, te grira ose te grira
- 2 lugë çaji salcë soje
- 1 lugë çaji barishte të thata të përziera

UDHËZIME:

- Gatuani lulelakrat në një tigan me ujë të valë .
- Grini lulelakrën në një tas dhe më pas shtoni spinaqin, fasulet, hudhrën, salcën e sojës dhe barishtet e përziera.
- Punojeni përzierjen së bashku me një matës patate për të formuar një pastë të ashpër.
- Përzieni tërshërën në një pluhur të imët , më pas shtoni në tas dhe përzieni që të kombinohen.
- Rrotulloni përzierjen në toptha .
- Skuqini topat e perimeve në tufa deri në kafe të artë .

36. Qofte vegane të pjekura në furrë

PËRBËRËSIT:

- 1 lugë gjelle fara liri të bluara
- ¼ filxhan + 3 lugë supë perimesh
- 1 qepë e madhe, e qëruar dhe e prerë në katërsh
- 2 thelpinj hudhër, të qëruara
- 1 ½ qofte bimore
- 1 filxhan thërrime buke
- ½ filxhan djathë parmixhano vegan
- 2 lugë majdanoz të freskët, të grirë hollë
- Kripë dhe piper, dy shije
- Spërkatje me vaj gatimi

UDHËZIME:

- Shtoni qepën dhe hudhrën në një përpunues ushqimi dhe ziejini derisa të bëhen pure.
- Në një tas të madh përzierjeje shtoni vezën e lirit, ¼ filxhani lëng perimesh, qepën dhe hudhrën pure, mishin e bimëve të qofteve të pamundura, thërrimet e bukës, djathin parmixhano vegan, majdanozin dhe pak kripë dhe piper. Përziejini mirë që të bashkohen.
- Nga përzierja e qofteve vegan në 32 topa .
- Vendosni qoftet vegan në tepsi me rreshtim dhe piqini në furrë për rreth 10 minuta, ose derisa të marrin ngjyrë kafe të artë.

37. Qofte parmixhano me kërpudha dhe shqeme

PËRBËRËSIT:

- 1 luge vaj ulliri
- 1 kile kërpudha të bardha të freskëta
- 1 majë kripë
- 1 lugë gjelle gjalpë
- ½ filxhan qepë të grirë hollë
- 4 thelpinj hudhre, te grira
- ½ filxhan tërshërë që gatuhet shpejt
- 1 ons parmezan shqeme
- ½ filxhan thërrime buke
- ¼ filxhan majdanoz të copëtuar me gjethe të sheshta
- 2 vezë, të ndara
- 1 lugë çaji kripë
- piper i zi i sapo bluar per shije
- 1 majë piper kajen, ose për shije
- 1 majë rigon të tharë
- 3 gota salcë makaronash
- 1 lugë gjelle shqeme parmixhano
- 1 lugë majdanoz të copëtuar me gjethe të sheshta

UDHËZIME:

- Ngrohni vajin e ullirit në një tigan mbi nxehtësinë mesatare-të lartë.
- Shtoni kërpudhat në vajin e nxehtë, spërkatni me kripë dhe gatuajeni dhe përzieni derisa lëngu nga kërpudhat të avullojë.
- Përzieni gjalpin në kërpudha, zvogëloni nxehtësinë në mesatare dhe gatuajeni dhe përzieni kërpudhat derisa të marrin ngjyrë kafe të artë, rreth 5 minuta

38. Qofte Kremini & Thjerrëza

PËRBËRËSIT:
- 1 filxhan thjerrëza të thata
- ¼ filxhan vaj ulliri
- 1 qepë, rreth 1 filxhan i grirë
- 8 oz kërpudha Cremini
- 3 thelpinj hudhre, te grira
- 1½ filxhan bukë panko
- Pini erëza italiane dhe kajen
- 2½ lugë çaji kripë, e ndarë
- 2 vezë
- 1 filxhan djathë parmixhano vegan

UDHËZIME:
- Në një tas të madh hidhni së bashku gjysmat e domates së bashku me 1 lugë çaji erëza italiane, 1 lugë çaji kripë dhe ¼ filxhan vaj ulliri.
- Pulsoni kërpudhat në një përpunues ushqimi derisa të kenë madhësinë e bizeles.
- Kur vaji të nxehet, shtoni qepën dhe skuqeni për rreth 3 minuta, derisa të jetë e tejdukshme. Shtoni hudhrat dhe kërpudhat dhe skuqini.
- Në një tas të madh kombinoni përzierjen e thjerrëzave me kërpudha së bashku me thërrimet e bukës panko dhe erëzat.
- Formoni topa dhe piqni.

39. Qofte me rigon me limon

PËRBËRËSIT:

- 1 lugë gjelle fara liri të bluara
- 1 lugë gjelle vaj ulliri, plus shtesë
- 1 qepë e vogël e verdhë dhe 3 thelpinj hudhër
- Majë rigon, pluhur qepë, Tamari
- ½ lugë çaji djegës të bluar
- kripë deti dhe piper i zi i bluar, për shije
- 1½ luge gjelle leng dhe lekure limoni
- 1 filxhan gjysma arre
- ¾ filxhan tërshërë të mbështjellë
- 1½ filxhan fasule të bardha të gatuara
- ¼ filxhan majdanoz të freskët dhe ¼ filxhan kopër të freskët

UDHËZIME:

- Në një tas të vogël, bashkoni lirin e bluar dhe ujin.
- Kaurdisni qepët dhe shtoni hudhrën dhe rigonin.
- Shtoni majanë ushqyese, djegësin, pluhurin e qepës, kripën dhe piperin në tigan dhe përziejini për rreth 30 sekonda.
- Hidhni lëngun e tyre të limonit.
- Pushoni arrat, fasulet dhe tërshërën derisa të keni një vakt të trashë.
- Shtoni përzierjen e xhelit të lirit, përzierjen e qepës dhe hudhrës së skuqur, tamarin, lëkurën e limonit, majdanozin, koprën dhe majë të mëdha kripë dhe piper.
- E rrotullojmë në një top dhe i pjekim qoftet për 25 minuta.

40. Sriracha Qofte me giqra

PËRBËRËSIT:

- 1 lugë gjelle miell fara liri
- Kanaçe prej 14 ons me qiqra, e kulluar dhe e shpëlarë
- 1 ½ filxhan farro të gatuar
- ¼ filxhan tërshërë të modës së vjetër
- 2 thelpinj hudhra, të shtypura
- 1 lugë çaji rrënjë xhenxhefili të grirë imët
- ½ lugë çaji kripë
- 1 lugë gjelle vaj susami të nxehtë kili
- 1 lugë gjelle sriracha

UDHËZIME:

- Ngrohni furrën tuaj në 400 gradë Fahrenheit. Rreshtoni një tepsi me fletë metalike dhe lëreni mënjanë.
- Kombinoni miellin e farave të lirit me 3 lugë gjelle ujë; ngul sytë.
- Lëreni të pushojë për 5 minuta.
- Vendosni qiqrat, farron, tërshërën, hudhrën, xhenxhefilin, kripën, vajin e susamit dhe sriracha në tasin e një përpunuesi ose blenderi të madh ushqimi.
- Hidhni vezën e mbetur të lirit dhe pulsoni derisa përbërësit të jenë bashkuar.
- Rrotulloni përzierjen në topa me një lugë gjelle dhe piqni .

41. Qofte vegane me kërpudha

PËRBËRËSIT:

- 1 lugë gjelle fara liri të bluar
- 3 lugë ujë
- 4 ons bebe kërpudha Bella
- ½ filxhan qepë të prerë në kubikë
- 1 lugë gjelle vaj ulliri të ndarë
- ¼ lugë çaji kripë
- 1 lugë gjelle salcë soje
- 1 lugë erëza italiane
- 1 ons kanaçe qiqrash të kulluara
- 1 filxhan bukë të thjeshtë
- 1 lugë maja ushqyese

UDHËZIME:

- Pritini përafërsisht kërpudhat dhe prisni qepën në kubikë.
- Në një tigan të mesëm, ngrohni 1 lugë gjelle vaj ulliri mbi nxehtësinë mesatare në të lartë.
- Shtoni kërpudhat dhe qepën dhe spërkatni me ¼ lugë çaji kripë.
- Skuqeni për 5 minuta, ose derisa kërpudhat të jenë zbutur.
- Shtoni salcën e sojës dhe erëzat italiane dhe gatuajeni edhe për një minutë.
- Kombinoni qiqrat, vezën e lirit, thërrimet e bukës, majanë ushqyese dhe qepën dhe kërpudhat e skuqura në një përpunues ushqimi me një shtojcë standarde tehe.
- Pulsi derisa të prishet kryesisht. Disa copa të vogla qiqre ose kërpudha duhet të ekzistojnë ende.
- Përdorni duar të pastra për të rrotulluar përzierjen e qofteve në 12 topa afërsisht të madhësisë së ping-pongut.

- Piqeni për 30 minuta në furrë 350 gradë.

2. Spageti me perime dhe qofte

PËRBËRËSIT:
- 3 Qepë
- ½ paund Kërpudha, të prera në feta
- 4 lugë gjelle Vaj ulliri
- 1 kanaçe Domate
- 1 kanaçe Pastë domate
- 1 Kërcelli i selinos i copëtuar
- 3 Karota të grira
- 6 lugë gjelle Gjalpë
- 3 Vezët rrihen
- 1½ filxhan vakt Matzo
- 2 gota bizele të gjelbra të gatuara
- 1 lugë çaji Kripë
- ¼ lugë çaji Piper
- 1 kile Spageti, të gatuara
- Djathë vegan i grirë

UDHËZIME:
- Ziejini qepët dhe kërpudhat e prera në kubikë në vaj për 10 minuta.
- Shtoni domatet, pastën e domates dhe rigonin.
- Mbulojeni dhe gatuajeni në zjarr të ulët për 1 orë. Erëza e duhur.
- Gatuajini qepët e copëtuara, selinon dhe karotat në gjysmën e gjalpit për 15 minuta. I ftohtë.
- Shtoni vezët, 1 filxhan miell matzo, bizelet, kripë dhe piper.
- Rrotulloni në topa të vegjël dhe zhytni në vaktin e mbetur të matzo-s.
☑

3. tempeh dhe qepë

PËRBËRËSIT:
TOPA MISH
- ½ qepë e kuqe e vogël, e copëtuar
- 8 ons tempeh, të copëtuara
- 3 thelpinj hudhre, te grira
- 1 lugë vaj i ndarë
- 3 lugë kos vegan të thjeshtë, pa sheqer
- ½ filxhan thërrime buke
- 1 lugë çaji kripë deti të imët

Përzierja e Erëzave TANDOORI:
- 1½ lugë çaji paprika
- ½ lugë çaji koriandër
- ½ lugë çaji xhenxhefil
- ¼ lugë çaji qimnon
- ¼ lugë çaji kardamom
- ¼ lugë çaji shafran i Indisë
- ¼ lugë çaji garam masala
- ¼ lugë çaji kajen

UDHËZIME:
- Ngrohni furrën në 375 gradë F (190 C) dhe vendosni një fletë pjekjeje me letër pergamene.
- Në një tas të vogël përzieni së bashku 8 përbërësit që përbëjnë përzierjen e erëzave. Le menjane.
- Ngrohni një tigan të madh në zjarr mesatar.
- Shtoni 1 lugë çaji vaj dhe ziejini qepën dhe tempehin për 5 deri në 7 minuta ose derisa tempeh të marrë ngjyrë të artë.
- Rrëshqitni tempeh dhe qepën në njërën anë të tiganit dhe shtoni 2 lugët e mbetura të vajit në anën tjetër të tiganit.

- Shtoni hudhrën dhe përzierjen e erëzave direkt në vaj.
- I trazojmë, më pas i bashkojmë me tempeh dhe qepën.
- Duke e përzier shpesh, ziejini për 1 minutë dhe hiqeni nga zjarri.
- Transferoni përzierjen e tempehit në një përpunues ushqimi.
- Pulsoni 5 ose 6 herë ose derisa të jenë të copëtuara dhe të njëtrajtshme.
- Shtoni thërrimet e bukës, kripën dhe kosin dhe përpunoni derisa të kombinohen mirë.
- Përdorni një lugë ose një lugë të vogël biskotash për të ndarë qoftet.
- Rrokullisni midis pëllëmbëve dhe vendoseni në një fletë pjekjeje të rreshtuar.
- Piqni për 25 deri në 28 minuta, duke e kthyer në gjysmë të rrugës.

44.Qofte me thjerrëza dhe kërpudha

PËRBËRËSIT:

- 1 filxhan thjerrëza të gatuara
- 1 filxhan kërpudha, të grira hollë
- 1/2 filxhan thërrime buke
- 1/4 filxhan djathë parmixhano të grirë
- 1 qepë e vogël, e grirë hollë
- 2 thelpinj hudhre, te grira
- 1 lugë majdanoz i freskët i grirë
- 1 lugë çaji rigon të tharë
- Kripë dhe piper për shije
- 1 vezë e rrahur

UDHËZIME:

- Në një tas të madh, bashkoni të gjithë përbërësit dhe përzieni mirë.
- Formoni përzierjen në qofte të vegjël.
- Ngrohni pak vaj në një tigan mbi nxehtësinë mesatare.
- Ziejini qoftet derisa të marrin ngjyrë kafe dhe të ziejnë, rreth 10-12 minuta.
- Shërbejeni me salcën ose makaronat tuaja të preferuara.

45. Qofte me patate të ëmbla dhe fasule të zeza

PËRBËRËSIT:

2 gota pure patate të ëmbla
1 filxhan fasule të zeza të ziera, të kulluara dhe të shpëlarë
1/2 filxhan thërrime buke
1/4 filxhan qepë jeshile të copëtuara
2 thelpinj hudhre, te grira
1 lugë çaji qimnon i bluar
1/2 lugë çaji paprika e tymosur
Kripë dhe piper për shije
1 vezë e rrahur

UDHËZIME:

Në një tas të madh, bashkoni të gjithë përbërësit dhe përzieni mirë.

Masën e formojmë në qofte dhe i vendosim në një tepsi.

Piqini në furrë të parangrohur në 375°F (190°C) për 20-25 minuta ose derisa të marrin ngjyrë kafe dhe të bëhen krokante.

Shërbejeni me një pjesë të perimeve të pjekura ose në një sanduiç.

46. Qofte me lulelakër dhe qiqra

PËRBËRËSIT:

2 filxhanë lulelakra me lule, të ziera në avull dhe të grira hollë
1 filxhan qiqra të gatuara, të grira
1/2 filxhan thërrime buke
1/4 filxhan djathë parmixhano të grirë
1 qepë e vogël, e grirë hollë
2 thelpinj hudhre, te grira
1 lugë gjelle cilantro e freskët e copëtuar
1 lugë çaji qimnon i bluar
Kripë dhe piper për shije
1 vezë e rrahur

UDHËZIME:

Në një tas të madh, bashkoni të gjithë përbërësit dhe përzieni mirë.

Masën e formojmë në qofte dhe i vendosim në një tepsi të lyer me yndyrë.

Piqini në furrë të parangrohur në 375°F (190°C) për 20-25 minuta ose derisa të marrin ngjyrë kafe të artë.

Shërbejeni me salcën tuaj të preferuar ose si mbushje për sallata.

47. Qofte me kungulleshka dhe quinoa

PËRBËRËSIT:

2 gota kungulleshka te grira
1 filxhan quinoa të gatuar
1/2 filxhan thërrime buke
1/4 filxhan djathë parmixhano të grirë
1 qepë e vogël, e grirë hollë
2 thelpinj hudhre, te grira
1 lugë gjelle borzilok të freskët të grirë
1 lugë çaji rigon të tharë
Kripë dhe piper për shije
1 vezë e rrahur

UDHËZIME:

Vendosni kungulleshkat e grira në një peshqir të pastër kuzhine dhe shtrydhni çdo lagështi të tepërt.

Në një tas të madh, bashkoni kungull i njomë, quinoa, thërrimet e bukës, djathin parmixhano, qepën, hudhrën, borzilokun, rigonin, kripën, piperin dhe vezën. Përziejini mirë.

Masën e formojmë në qofte dhe i vendosim në një tepsi.

Piqini në furrë të parangrohur në 375°F (190°C) për 20-25 minuta ose derisa të marrin ngjyrë kafe të artë.

Shërbejini me salcë marinara ose shijojini në një nën sanduiç.

48. Qofte me spinaq dhe feta

PËRBËRËSIT:

2 filxhanë spinaq të grirë, të gatuar dhe të kulluar
1 filxhan djath feta i grimcuar
1/2 filxhan thërrime buke
1/4 filxhan kopër të freskët të copëtuar
2 thelpinj hudhre, te grira
1 qepë e vogël, e grirë hollë
1/4 lugë çaji arrëmyshk
Kripë dhe piper për shije
1 vezë e rrahur

UDHËZIME:

Në një tas të madh, bashkoni të gjithë përbërësit dhe përzieni mirë.

Masën e formojmë në qofte dhe i vendosim në një tepsi.

Piqini në furrë të parangrohur në 375°F (190°C) për 20-25 minuta ose derisa të marrin ngjyrë kafe të artë.

Shërbejeni me salcë tzatziki dhe bukë pita.

49. Qofte me brokoli dhe çedër

PËRBËRËSIT:

2 gota lule brokoli të grira hollë, të ziera në avull dhe të kulluara
1 filxhan djathë çedër i grirë
1/2 filxhan thërrime buke
1/4 filxhan djathë parmixhano të grirë
1 qepë e vogël, e grirë hollë
2 thelpinj hudhre, te grira
1 lugë majdanoz i freskët i grirë
Kripë dhe piper për shije
1 vezë e rrahur

UDHËZIME:

Në një tas të madh, bashkoni të gjithë përbërësit dhe përzieni mirë.

Masën e formojmë në qofte dhe i vendosim në një tepsi.

Piqini në furrë të parangrohur në 375°F (190°C) për 20-25 minuta ose derisa të marrin ngjyrë kafe të artë.

Shërbejeni me salcë marinara ose si pjatë anësore.

50.Qofte me karrota dhe qiqra

PËRBËRËSIT:

2 gota karota të grira
1 filxhan qiqra të gatuara, të grira
1/2 filxhan thërrime buke
1/4 filxhan majdanoz të freskët të grirë
2 thelpinj hudhre, te grira
1 qepë e vogël, e grirë hollë
1 lugë çaji qimnon i bluar
1/2 lugë çaji koriandër të bluar
Kripë dhe piper për shije
1 vezë e rrahur

UDHËZIME:

Në një tas të madh, bashkoni të gjithë përbërësit dhe përzieni mirë.

Masën e formojmë në qofte dhe i vendosim në një tepsi të lyer me yndyrë.

Piqini në furrë të parangrohur në 375°F (190°C) për 20-25 minuta ose derisa të marrin ngjyrë kafe dhe të bëhen krokante.

Shërbejeni me një salcë kosi ose mbi kuskus.

51. Qofte me kërpudha dhe arra

PËRBËRËSIT:
2 gota kërpudha, të grira hollë
1 filxhan arra, të grira hollë
1/2 filxhan thërrime buke
1/4 filxhan djathë parmixhano të grirë
1 qepë e vogël, e grirë hollë
2 thelpinj hudhre, te grira
1 lugë gjelle trumzë e freskët e copëtuar
Kripë dhe piper për shije
1 vezë e rrahur

UDHËZIME:

Në një tas të madh, bashkoni të gjithë përbërësit dhe përzieni mirë.

Masën e formojmë në qofte dhe i vendosim në një tepsi.

Piqini në furrë të parangrohur në 375°F (190°C) për 20-25 minuta ose derisa të marrin ngjyrë kafe të artë.

Shërbejeni me një salcë kremoze me kërpudha ose sipër makaronave.

52. Qofte panxhar dhe quinoa

PËRBËRËSIT:

2 gota panxhar të grirë
1 filxhan quinoa të gatuar
1/2 filxhan thërrime buke
1/4 filxhan majdanoz të freskët të grirë
2 thelpinj hudhre, te grira
1 qepë e vogël, e grirë hollë
1 lugë çaji qimnon i bluar
Kripë dhe piper për shije
1 vezë e rrahur

UDHËZIME:

Në një tas të madh, bashkoni të gjithë përbërësit dhe përzieni mirë.

Masën e formojmë në qofte dhe i vendosim në një tepsi.

Piqini në furrë të parangrohur në 375°F (190°C) për 20-25 minuta ose derisa të marrin ngjyrë kafe dhe të bëhen krokante.

Shërbejeni me një salcë kosi të shijshëm ose në një sallatë.

53.Quinoa dhe qofte misri

PËRBËRËSIT:
2 gota quinoa të gatuar
1 filxhan kokrra misri
1/2 filxhan thërrime buke
1/4 filxhan djathë parmixhano të grirë
1 qepë e vogël, e grirë hollë
2 thelpinj hudhre, te grira
1 lugë gjelle cilantro e freskët e copëtuar
1 lugë çaji qimnon i bluar
Kripë dhe piper për shije
1 vezë e rrahur

UDHËZIME:

Në një tas të madh, bashkoni të gjithë përbërësit dhe përzieni mirë.

Masën e formojmë në qofte dhe i vendosim në një tepsi të lyer me yndyrë.

Piqini në furrë të parangrohur në 375°F (190°C) për 20-25 minuta ose derisa të marrin ngjyrë kafe të artë.

Shërbejeni me salsa ose si mbushje për tacos.

54. Qofte me patëllxhanë dhe qigra

PËRBËRËSIT:
2 gota patëllxhanë të gatuar, të grirë
1 filxhan qiqra të gatuara, të grira
1/2 filxhan thërrime buke
1/4 filxhan djathë parmixhano të grirë
1 qepë e vogël, e grirë hollë
2 thelpinj hudhre, te grira
1 lugë gjelle borzilok të freskët të grirë
1 lugë çaji rigon të tharë
Kripë dhe piper për shije
1 vezë e rrahur

UDHËZIME:
Në një tas të madh, bashkoni të gjithë përbërësit dhe përzieni mirë.

Masën e formojmë në qofte dhe i vendosim në një tepsi.

Piqini në furrë të parangrohur në 375°F (190°C) për 20-25 minuta ose derisa të marrin ngjyrë kafe dhe të bëhen krokante.

Shërbejeni me salcë marinara dhe spageti.

55. Qofte me patate dhe bizele

PËRBËRËSIT:

2 gota pure patatesh
1 filxhan bizele të gatuara
1/2 filxhan thërrime buke
1/4 filxhan djathë parmixhano të grirë
1 qepë e vogël, e grirë hollë
2 thelpinj hudhre, te grira
1 lugë gjelle mente të freskët të copëtuar
Kripë dhe piper për shije
1 vezë e rrahur

UDHËZIME:

Në një tas të madh, bashkoni të gjithë përbërësit dhe përzieni mirë.

Masën e formojmë në qofte dhe i vendosim në një tepsi të lyer me yndyrë.

Piqini në furrë të parangrohur në 375°F (190°C) për 20-25 minuta ose derisa të marrin ngjyrë kafe të artë.

Shërbejeni me salcë kosi mente ose si pjatë anësore.

56.Qofte me misër dhe piper të kuq

PËRBËRËSIT:

2 gota kokrra misri
1 filxhan speca të kuq të pjekur, të grirë
1/2 filxhan thërrime buke
1/4 filxhan cilantro të freskët të copëtuar
2 thelpinj hudhre, te grira
1 qepë e vogël, e grirë hollë
1 lugë çaji qimnon i bluar
1/2 lugë çaji paprika e tymosur
Kripë dhe piper për shije
1 vezë e rrahur

UDHËZIME:

Në një tas të madh, bashkoni të gjithë përbërësit dhe përzieni mirë.

Masën e formojmë në qofte dhe i vendosim në një tepsi.

Piqini në furrë të parangrohur në 375°F (190°C) për 20-25 minuta ose derisa të marrin ngjyrë kafe të artë.

Shërbejeni me një salcë zhytjeje me majonezë chipotle ose në një mbështjellje.

57. Qofte me kungull dhe sherebelë

PËRBËRËSIT:

2 gota kungull gjalpë të gatuar, të grirë
1 filxhan thërrime buke
1/4 filxhan djathë parmixhano të grirë
1 qepë e vogël, e grirë hollë
2 thelpinj hudhre, te grira
1 lugë gjelle sherebelë e freskët e copëtuar
Kripë dhe piper për shije
1 vezë e rrahur

UDHËZIME:

Në një tas të madh, bashkoni të gjithë përbërësit dhe përzieni mirë.

Masën e formojmë në qofte dhe i vendosim në një tepsi të lyer me yndyrë.

Piqini në furrë të parangrohur në 375°F (190°C) për 20-25 minuta ose derisa të marrin ngjyrë kafe dhe të bëhen krokante.

Shërbejeni me salcë kremoze Alfredo ose si pjatë anësore.

58. Qofte lakër jeshile dhe fasule të bardhë

PËRBËRËSIT:

2 gota lakër jeshile të grirë, të zbardhura dhe të kulluara
1 filxhan fasule të bardha të gatuara, të grira
1/2 filxhan thërrime buke
1/4 filxhan majdanoz të freskët të grirë
2 thelpinj hudhre, te grira
1 qepë e vogël, e grirë hollë
1 lugë çaji rigon të tharë
Kripë dhe piper për shije
1 vezë e rrahur

UDHËZIME:

Në një tas të madh, bashkoni të gjithë përbërësit dhe përzieni mirë.
Masën e formojmë në qofte dhe i vendosim në një tepsi.
Piqini në furrë të parangrohur në 375°F (190°C) për 20-25 minuta ose derisa të marrin ngjyrë kafe të artë.
Shërbejeni me salcë marinara ose në një mbështjellje.

59. Qofte me quinoa dhe spinaq

PËRBËRËSIT:
2 gota quinoa të gatuar
1 filxhan spinaq të grirë
1/2 filxhan thërrime buke
1/4 filxhan djathë parmixhano të grirë
1 qepë e vogël, e grirë hollë
2 thelpinj hudhre, te grira
1 lugë gjelle borzilok të freskët të grirë
Kripë dhe piper për shije
1 vezë e rrahur

UDHËZIME:

Në një tas të madh, bashkoni të gjithë përbërësit dhe përzieni mirë.

Masën e formojmë në qofte dhe i vendosim në një tepsi të lyer me yndyrë.

Piqini në furrë të parangrohur në 375°F (190°C) për 20-25 minuta ose derisa të marrin ngjyrë kafe të artë.

Shërbejeni me salcë marinara ose në një shtrat me spageti.

60. Qofte me lulelakër dhe quinoa

PËRBËRËSIT:
2 filxhanë lulelakra të grira hollë, të ziera në avull dhe të kulluara
1 filxhan quinoa të gatuar
1/2 filxhan thërrime buke
1/4 filxhan djathë parmixhano të grirë
1 qepë e vogël, e grirë hollë
2 thelpinj hudhre, te grira
1 lugë majdanoz i freskët i grirë
Kripë dhe piper për shije
1 vezë e rrahur

UDHËZIME:

Në një tas të madh, bashkoni të gjithë përbërësit dhe përzieni mirë.

Masën e formojmë në qofte dhe i vendosim në një tepsi të lyer me yndyrë.

Piqini në furrë të parangrohur në 375°F (190°C) për 20-25 minuta ose derisa të marrin ngjyrë kafe të artë.

Shërbejeni me salcën tuaj të preferuar ose si mbushje sanduiç vegjetarian.

61. Qofte me qiqra dhe spinaq

PËRBËRËSIT:

2 gota qiqra të gatuara, të grira
1 filxhan spinaq të grirë
1/2 filxhan thërrime buke
1/4 filxhan djathë parmixhano të grirë
1 qepë e vogël, e grirë hollë
2 thelpinj hudhre, te grira
1 lugë gjelle cilantro e freskët e copëtuar
1 lugë çaji qimnon i bluar
Kripë dhe piper për shije
1 vezë e rrahur

UDHËZIME:

Në një tas të madh, bashkoni të gjithë përbërësit dhe përzieni mirë.

Masën e formojmë në qofte dhe i vendosim në një tepsi të lyer me yndyrë.

Piqini në furrë të parangrohur në 375°F (190°C) për 20-25 minuta ose derisa të marrin ngjyrë kafe dhe të bëhen krokante.

Shërbejeni me një salcë me bazë kosi ose në një xhep pita.

62. Qofte me patate të ëmbla dhe qiqra

PËRBËRËSIT:
2 gota pure patate të ëmbla
1 filxhan qiqra të gatuara, të grira
1/2 filxhan thërrime buke
1/4 filxhan cilantro të freskët të copëtuar
2 thelpinj hudhre, te grira
1 qepë e vogël, e grirë hollë
1 lugë çaji qimnon i bluar
1/2 lugë çaji paprika e tymosur
Kripë dhe piper për shije
1 vezë e rrahur

UDHËZIME:

Në një tas të madh, bashkoni të gjithë përbërësit dhe përzieni mirë.

Masën e formojmë në qofte dhe i vendosim në një tepsi.

Piqini në furrë të parangrohur në 375°F (190°C) për 20-25 minuta ose derisa të marrin ngjyrë kafe të artë.

Shërbejeni me një salcë pikante ose në një mbështjellës me perime të freskëta.

63. Qofte me kërpudha dhe thjerrëza

PËRBËRËSIT:

2 gota kërpudha të grira hollë
1 filxhan thjerrëza të gatuara
1/2 filxhan thërrime buke
1/4 filxhan djathë parmixhano të grirë
1 qepë e vogël, e grirë hollë
2 thelpinj hudhre, te grira
1 lugë gjelle trumzë e freskët e copëtuar
Kripë dhe piper për shije
1 vezë e rrahur

UDHËZIME:

Në një tas të madh, bashkoni të gjithë përbërësit dhe përzieni mirë.

Masën e formojmë në qofte dhe i vendosim në një tepsi.

Piqini në furrë të parangrohur në 375°F (190°C) për 20-25 minuta ose derisa të skuqen dhe të gatuhen.

Shërbejeni me salcë kremoze me kërpudha ose si pjatë anësore.

64. Qofte me karrota dhe kungull i njomë

PËRBËRËSIT:
1 filxhan karota te grira
1 filxhan kungull i njomë i grirë
1/2 filxhan thërrime buke
1/4 filxhan djathë parmixhano të grirë
1 qepë e vogël, e grirë hollë
2 thelpinj hudhre, te grira
1 lugë majdanoz i freskët i grirë
Kripë dhe piper për shije
1 vezë e rrahur

UDHËZIME:

Në një tas të madh, bashkoni të gjithë përbërësit dhe përzieni mirë.

Masën e formojmë në qofte dhe i vendosim në një tepsi.

Piqini në furrë të parangrohur në 375°F (190°C) për 20-25 minuta ose derisa të marrin ngjyrë kafe të artë.

Shërbejeni me salcë marinara ose në një perime të skuqura.

65. Quinoa dhe qofte me kërpudha

PËRBËRËSIT:

2 gota quinoa të gatuar
1 filxhan kërpudha të grira hollë
1/2 filxhan thërrime buke
1/4 filxhan djathë parmixhano të grirë
1 qepë e vogël, e grirë hollë
2 thelpinj hudhre, te grira
1 lugë rozmarinë e freskët e copëtuar
Kripë dhe piper për shije
1 vezë e rrahur

UDHËZIME:

Në një tas të madh, bashkoni të gjithë përbërësit dhe përzieni mirë.

Masën e formojmë në qofte dhe i vendosim në një tepsi.

Piqini në furrë të parangrohur në 375°F (190°C) për 20-25 minuta ose derisa të marrin ngjyrë kafe dhe të bëhen krokante.

Shërbejeni me lëng mishi me kërpudha ose si një majë për tasat me quinoa.

66. Qofte me fasule të zeza dhe misër

PËRBËRËSIT:

1 filxhan fasule të zeza të ziera, të grira
1 filxhan kokrra misri
1/2 filxhan thërrime buke
1/4 filxhan cilantro të freskët të copëtuar
1 qepë e vogël, e grirë hollë
2 thelpinj hudhre, te grira
1 lugë çaji qimnon i bluar
1/2 lugë çaji pluhur djegës
Kripë dhe piper për shije
1 vezë e rrahur

UDHËZIME:

Në një tas të madh, bashkoni të gjithë përbërësit dhe përzieni mirë.

Masën e formojmë në qofte dhe i vendosim në një tepsi.

Piqini në furrë të parangrohur në 375°F (190°C) për 20-25 minuta ose derisa të marrin ngjyrë kafe të artë.

Shërbejeni me një salsa të shijshme avokadoje ose në një tas me drithëra me frymëzim meksikan.

67. Qofte brokoli dhe djathi Cheddar

PËRBËRËSIT:

2 gota lule brokoli të grira hollë, të ziera në avull dhe të kulluara
1 filxhan djathë çedër i grirë
1/2 filxhan thërrime buke
1/4 filxhan djathë parmixhano të grirë
1 qepë e vogël, e grirë hollë
2 thelpinj hudhre, te grira
1 lugë majdanoz i freskët i grirë
Kripë dhe piper për shije
1 vezë e rrahur

UDHËZIME:

Në një tas të madh, bashkoni të gjithë përbërësit dhe përzieni mirë.

Masën e formojmë në qofte dhe i vendosim në një tepsi.

Piqini në furrë të parangrohur në 375°F (190°C) për 20-25 minuta ose derisa të marrin ngjyrë kafe të artë.

Shërbejeni me salcë marinara ose si pjatë anësore.

68. Qofte me lulelakër dhe djathë

PËRBËRËSIT:

2 filxhanë lulelakra të grira hollë, të ziera në avull dhe të kulluara
1 filxhan thërrime buke
1/2 filxhan djathë parmixhano të grirë
1 qepë e vogël, e grirë hollë
2 thelpinj hudhre, te grira
1 lugë gjelle trumzë e freskët e copëtuar
Kripë dhe piper për shije
1 vezë e rrahur

UDHËZIME:

Në një tas të madh, bashkoni të gjithë përbërësit dhe përzieni mirë.
Masën e formojmë në qofte dhe i vendosim në një tepsi.
Piqini në furrë të parangrohur në 375°F (190°C) për 20-25 minuta ose derisa të marrin ngjyrë kafe të artë.
Shërbejeni me një salcë djathi kremoz ose si një meze vegjetariane.

69. Qofte me kërpudha dhe arra me rozmarinë

PËRBËRËSIT:

2 gota kërpudha të grira hollë
1 filxhan arra, të grira hollë
1/2 filxhan thërrime buke
1/4 filxhan djathë parmixhano të grirë
1 qepë e vogël, e grirë hollë
2 thelpinj hudhre, te grira
1 lugë rozmarinë e freskët e copëtuar
Kripë dhe piper për shije
1 vezë e rrahur

UDHËZIME:

Në një tas të madh, bashkoni të gjithë përbërësit dhe përzieni mirë.
Masën e formojmë në qofte dhe i vendosim në një tepsi.
Piqini në furrë të parangrohur në 375°F (190°C) për 20-25 minuta ose derisa të marrin ngjyrë kafe të artë.
Shërbejeni me një salcë kremoze me kërpudha ose si pjatë anësore me perime të pjekura.

BAFTE PERIME

Burgera me panxhar të kuq me rukolë

PËRBËRËSIT:
- 15 ons fasule të kuqe të lehta mund
- 2 ½ lugë gjelle vaj ulliri ekstra të virgjër
- 2 ½ *ons* kërpudha Cremini
- 1 qepë e kuqe
- ½ filxhan oriz kaf të gatuar
- ¾ filxhan Panxhar të papërpunuar
- 1/3 filxhan fara kërpi
- 1 lugë çaji piper i zi i bluar
- ½ lugë çaji kripë deti
- ½ lugë çaji farë koriandër të bluar
- ½ lugë çaji salcë Worcestershire
- 1 zëvendësues veganësh
- 4 gota rukola organike për bebe
- 2 lugë çaji uthull balsamike e bardhë

UDHËZIME:
- Ngrohni furrën në 375°F. Grini mirë kokrrat në një tas dhe lërini mënjanë.
- Ngrohni 1 lugë gjelle vaj në një tigan që nuk ngjit mbi të mesme.
- Shtoni kërpudhat dhe tre të katërtat e qepës dhe skuqini derisa të zbuten, rreth 8 minuta.
- Transferoni përzierjen e perimeve në tasin e përzierjes me fasulet. Përzieni orizin, panxharin, farat e kërpit, piperin, kripën, korianderin dhe salcën Worcestershire derisa të kombinohen.
- Shtoni zëvendësuesin vegan të vezëve dhe përzieni derisa të kombinohen mirë.

- Formoni përzierjen në katër topa dhe vendoseni në një tepsi të pazbardhur të veshur me letër pjekjeje. Rrihni me majat e gishtave në katër petka.
- Lyejeni lehtë pjesën e sipërme të petëve me $\frac{1}{2}$ lugë gjelle vaj duke përdorur majat e gishtave.
- Piqeni për 1 orë. Kthejeni me shumë butësi mbi çdo burger dhe piqni derisa të jetë i freskët, i fortë dhe i skuqur, rreth 20 minuta më shumë.
- Lërini të paktën 5 minuta për të përfunduar procesin e gatimit.
- Hedhim rukolën me uthull dhe 1 lugë vaj të mbetur dhe e vendosim sipër çdo hamburgeri.
- Spërkateni me qepën e mbetur dhe shërbejeni.

71.Pekan- thjerrëza

PËRBËRËSIT:

- 1 1/2 filxhan thjerrëza kafe të gatuara
- 1/2 filxhan pekan të bluar
- 1/2 filxhan tërshërë të modës së vjetër
- 1/4 filxhan panko të thatë pa erëza
- 1/4 filxhan miell gluten gruri
- 1/2 filxhan qepë të grirë
- 1/4 filxhan majdanoz të freskët të grirë
- 1 lugë çaji mustardë Dijon
- 1/2 lugë çaji kripë
- 1/8 lugë çaji piper i sapo bluar
- 2 luge vaj ulliri
- Gjethet e marule, domate të prera, qepë të kuqe të prera në feta dhe erëza të zgjedhura

UDHËZIME:

- Në një përpunues ushqimi, kombinoni thjerrëzat, pecanët, tërshërën, pankon , miellin, qepën, majdanozin, mustardën, kripën dhe piperin.
- Pulsoni për t'u kombinuar, duke lënë pak teksturë.
- Formoni përzierjen e thjerrëzave në 4 deri në 6 hamburgera.
- Në një tigan, ngrohni vajin e mbinxehur.
- Shtoni hamburgerët dhe ziejini derisa të marrin ngjyrë kafe të artë, rreth 5 minuta për çdo anë.
- Shërbejini burgerët me marule, feta domate, qepë dhe erëza sipas dëshirës tuaj.

72. Burgera me fasule të zeza

PËRBËRËSIT:

- 3 lugë vaj ulliri
- 1/2 filxhan qepë të grirë
- 1 thelpi hudhër, e grirë
- 11/2 filxhan fasule të zeza
- 1 lugë majdanoz i freskët i grirë
- 1/2 filxhan panko të thatë pa erëza
- 1/4 filxhan miell gluten gruri
- 1 lugë çaji paprika e tymosur
- 1/2 lugë çaji trumzë e thatë
- Kripë dhe piper i zi i sapo bluar
- 4 gjethe marule
- 1 domate e pjekur, e prerë në feta 1/4 inç

UDHËZIME:

- Në një tigan, ngrohni 1 lugë gjelle vaj dhe ngroheni shumë. Shtoni qepën dhe hudhrën dhe ziejini derisa të zbuten, rreth 5 minuta.

- Transferoni përzierjen e qepëve në një përpunues ushqimi. Shtoni fasulet, majdanozin, pankon, miellin, paprikën, trumzën dhe kripë e piper për shije. Përpunoni derisa të kombinohen mirë, duke lënë pak teksturë. Formoni masën në 4 peta të barabarta dhe vendoseni në frigorifer për 20 minuta.

- Në një tigan, ngrohni 2 lugët e mbetura të vajit të nxehur. Shtoni hamburgerët dhe gatuajeni derisa të marrin ngjyrë kafe nga të dyja anët, duke i kthyer një herë, rreth 5 minuta për çdo anë.

- Shërbejini burgerët me feta marule dhe domate.

73. Patty me tërshërë dhe perime

PËRBËRËSIT:

- 2 lugë gjelle plus 1 lugë çaji vaj ulliri
- 1 qepë, e grirë
- 1 karotë, e grirë në rende
- 1 filxhan arra të përziera pa kripë
- 1/4 filxhan miell gluten gruri
- 1/2 filxhan tërshërë të modës së vjetër, plus më shumë nëse është e nevojshme
- 2 lugë gjalpë kikiriku kremoz
- 2 lugë majdanoz të freskët të grirë
- 1/2 lugë çaji kripë
- 1/4 lugë çaji piper i zi i sapo bluar
- 4 gjethe marule
- 1 domate e pjekur, e prerë në feta 1/4 inç

UDHËZIME:

- Në një tigan, ngrohni 1 lugë çaji vaj të mbinxehur. Shtoni qepën dhe gatuajeni derisa të jetë e butë, rreth 5 minuta. Përzieni karrotën dhe lëreni mënjanë.
- Në një përpunues ushqimi, pulsoni arrat derisa të copëtohen.
- Shtoni përzierjen e qepë-karrotës së bashku me miellin, tërshërën, gjalpin e kikirikut, majdanozin, kripën dhe piperin. Procedoni derisa të përzihet mirë.
- Formoni përzierjen në 4 peta të barabarta, rreth 4 inç në diametër.
- Në një tigan, ngrohni 2 lugët e mbetura vaj në zjarr, shtoni hamburgerët dhe gatuajeni derisa të marrin ngjyrë kafe nga të dyja anët, rreth 5 minuta për çdo anë.
- Shërbejini burgerët me feta marule dhe domate.

74. Petë me fasule të bardha dhe arra

PËRBËRËSIT:

- 1/4 filxhan qepë të prerë në kubikë
- 1 thelpi hudhër, e shtypur
- 1 filxhan copa arre
- 1 filxhan fasule të bardha të konservuara ose të ziera
- 1 filxhan miell gluten gruri
- 2 lugë majdanoz të freskët të grirë
- 1 lugë gjelle salcë soje
- 1 lugë çaji mustardë Dijon, plus më shumë për të shërbyer
- 1/2 lugë çaji kripë
- 1/2 lugë çaji sherebelë e bluar
- 1/2 lugë çaji paprika e ëmbël
- 1/4 lugë çaji shafran i Indisë
- 1/4 lugë çaji piper i zi i sapo bluar
- 2 luge vaj ulliri
- Gjethet e marules dhe domatet e prera në feta

UDHËZIME:

- Në një përpunues ushqimi, bashkoni qepën, hudhrën dhe arrat dhe përpunoni derisa të bluhen imët.
- Gatuani fasulet në një tigan mbi nxehtësi, duke i përzier, për 1 deri në 2 minuta që të avullojë çdo lagështi.
- Shtoni fasulet në procesorin e ushqimit së bashku me miellin, majdanozin, salcën e sojës, mustardën, kripën, sherebelën, paprikën, shafranin e Indisë dhe piperin.
- Procedoni derisa të përzihet mirë. Formoni përzierjen në 4 peta të barabarta.
- Në një tigan, ngrohni vajin e mbinxehur.

- Shtoni petat dhe ziejini derisa të marrin ngjyrë kafe nga të dyja anët, rreth 5 minuta për çdo anë.
- Shërbejeni me marule dhe domate të prera në feta.

5. Burgera me fasule Garbanzo

PËRBËRËSIT:
- 2 gota fasule garbanzo pure
- Secila nga 1 kërcell selino të grirë hollë
- 1 çdo karotë, të grirë hollë
- ¼ qepë, e grirë
- ¼ filxhan miell gruri të plotë
- Kripë dhe piper për shije
- 2 lugë çaji me vaj

UDHËZIME:
- Përziejini përbërësit (përveç vajit) në një enë. Formoni 6 peta të sheshta.
- Skuqini në një tigan të lyer me vaj mbi nxehtësinë mesatare deri sa burgerët të marrin ngjyrë kafe të artë nga secila anë.

76.Pemë perimesh me thjerrëza bulgur

PËRBËRËSIT:
- 2 gota Thjerrëza të gatuara
- 1 filxhan kërpudha Portobello të tymosur,
- 1 filxhan grurë bulgur
- 2 thelpinj hudhër të pjekur,
- 1 lugë gjelle Worcestershire
- 2 lugë vaj arre
- $\frac{1}{4}$ lugë çaji Tarragon, i grirë
- Kripë dhe piper për shije

UDHËZIME:
- Përgatitni një skarë me dru ose qymyr dhe lëreni të digjet deri në prush.
- Në një tas, grijini thjerrëzat derisa të jenë të lëmuara.
- Shtoni të gjithë përbërësit dhe përziejini derisa të kombinohen plotësisht.
- Lëreni në frigorifer për të paktën 2 orë. Formoni në burgers.
- Lyejeni hamburgerët me vaj ulliri dhe piqini në skarë për 6 minuta nga secila anë ose derisa të jenë gati.
- Shërbejeni të nxehtë me erëzat tuaja të preferuara.

7. Petë tofu me kërpudha

PËRBËRËSIT:

- ½ filxhan tërshërë të mbështjellë
- 1¼ filxhan bajame të grira trashë
- 1 lugë gjelle vaj ulliri ose kanola
- ½ filxhan qepë të gjelbër të copëtuar
- 2 lugë çaji hudhër të grirë
- 1½ filxhan Kremini i copëtuar
- ½ filxhan basmati kafe të gatuar
- ⅓ filxhan djathë çedër vegan
- ⅔ filxhan Tofu i fortë me pure
- 1 zëvendësues veganësh
- 3 lugë majdanoz të grirë
- ½ filxhan panko të thatë
- 6 feta mocarela e freskët, sipas dëshirës

UDHËZIME:

- Ngrohim vajin në një tigan dhe kaurdisim qepët, hudhrat dhe kërpudhat derisa të zbuten.
- Shtoni tërshërën dhe vazhdoni të gatuani për 2 minuta të tjera duke e përzier vazhdimisht.
- Kombinoni përzierjen e qepëve me orizin, djathin vegan, tofu dhe zëvendësuesin e veganëve vegan.
- Majdanoz, panko dhe bajame dhe përziejini për t'u kombinuar. I rregullojmë sipas shijes me kripë dhe piper.
- Formoni 6 peta dhe skuqini ose ziejini derisa të marrin ngjyrë të artë dhe të freskët nga jashtë.
- Hidhni sipër një fetë mocarela të freskët dhe salsa të freskët.

3.Patty me thjerrëza, bizele dhe karrota

PËRBËRËSIT:
- ½ qepë e copëtuar
- ½ filxhan Thjerrëza jeshile të gatuara
- ⅓ filxhan Bizele të gatuara
- 1 karotë e grirë
- 1 lugë majdanoz i freskët i grirë
- 1 lugë çaji Tamari
- 2 gota panko
- ¼ filxhan miell
- 1 zëvendësues veganësh

UDHËZIME:
- Kaurdisni qepën derisa të zbutet Përziejini të gjithë përbërësit përveç miellit dhe lëreni të ftohet.
- Thjerrëzat e gjelbra kërkojnë rreth një orë për t'u gatuar nga e thata, por ato ngrijnë mirë, kështu që bëni një tufë të madhe prej tyre menjëherë.

9. Pete perimesh te shpejta

PËRBËRËSIT:

- 10 ons Perime, të përziera, të ngrira
- 1 zëvendësues veganësh
- majë kripë dhe piper
- ½ filxhan Kërpudha, të freskëta, të copëtuara
- ½ filxhan panko
- 1 qepë, e prerë në feta

UDHËZIME:

- Ngroheni furrën në 350 gradë.
- Ziejini perimet me avull derisa të zbuten
- Lëreni mënjanë të ftohet.
- Pritini imët perimet e ziera në avull dhe përzieni me vezën vegane, kripë, piper, kërpudha dhe panko .
- Formoni përzierjen në peta.
- Në një tepsi të lyer me pak vaj, vendosini petat, të lyera me feta qepë.
- E pjekim, duke e kthyer një herë, derisa të marrë ngjyrë kafe dhe të bëhet krokante nga të dyja anët, rreth 45 minuta.

80. Tex-Mex veggie pety

PËRBËRËSIT:

- 15¼ ons Misër i plotë i konservuar
- ½ filxhan Lëng i rezervuar
- ½ filxhan miell misri
- ½ filxhan qepë, e grirë imët
- ⅓ filxhan Piper zile të kuqe, i grirë hollë
- ½ lugë çaji lëvore lime, e grirë
- ¼ filxhan oriz i bardhë i gatuar
- 3 lugë gjelle cilantro e freskët, e copëtuar
- 4 lugë çaji piper kili Jalapeno
- ½ lugë çaji qimnon i bluar
- 4 tortilla me miell pa yndyrë, 9- deri në 10 inç
- 8 lugë salcë kosi e lehtë
- 8 lugë salsa e blerë

UDHËZIME:

- Përzieni ½ filxhan kokrra misri dhe 1 lugë gjelle miell misri në procesor derisa të formohen grumbuj të lagësht. Shtoni ¾ filxhan kokrra misri dhe përpunoni për 10 sekonda
- Transferoni përzierjen e misrit në një tenxhere të rëndë që nuk ngjit. Shtoni ½ filxhan lëng misri, qepë, piper zile dhe lëvozhgë gëlqereje. Mbulojeni dhe gatuajeni në zjarr shumë të ulët derisa të trashet dhe fort, duke e përzier shpesh, për 12 minuta. Përzieni me oriz, cilantro, jalapeño, kripë dhe qimnon. Hidhni ¼ e përzierjes mbi secilën nga 4 pjesët e letrës dhe shtypni copat në petë të trasha ¾ inç.
- Përgatitni Barbecue. Spërkatni të dyja anët e hamburgerëve me llak që nuk ngjit dhe piqini në skarë derisa të jenë të freskëta, rreth 5 minuta për çdo anë.

Grijini tortillat në skarë derisa të jenë të lakueshme, rreth 30 sekonda për anë

81. Petë me fasule vegjetale

PËRBËRËSIT:

- 2 ons Fasule të përziera të gatuara
- 1 qepë, e grirë imët
- 1 karotë e grirë hollë
- 1 lugë çaji ekstrakt perimesh
- 1 lugë çaji barishte të thata të përziera
- 1 ons vakt i plotë panko

UDHËZIME:

- Përziejini të gjithë përbërësit në një procesor ushqimi ose blender derisa të jenë pothuajse të lëmuara.
- Formoni 4 hamburgera të trashë dhe ftohuni mirë.
- Lyejeni me vaj dhe ziejini në skarë ose skarë për rreth 15 minuta, duke e kthyer një ose dy herë.
- Shërbejeni në baps susami me shije, sallatë dhe patate të skuqura të mëdha!

82. Qepë Tërshërë Patties

PËRBËRËSIT:

- 4 gota Ujë
- ½ filxhan salcë soje me pak kripë
- ½ filxhan Maja ushqyese
- 1 qepë të prerë në kubikë
- 1 lugë gjelle rigon
- ½ lugë hudhër pluhur
- 1 lugë gjelle borzilok të thatë
- 4½ filxhanë tërshërë të modës së vjetër

UDHËZIME:

- Vërini të gjithë përbërësit përveç tërshërës të ziejnë.
- Uleni nxehtësinë në të ulët dhe përzieni 4½ filxhanë tërshërë të mbështjellë.
- Gatuani për rreth 5 minuta derisa uji të përthithet.
- Mbushni një tavë drejtkëndëshe që nuk ngjit me masën
- Piqeni në 350 F. për 25 minuta. Më pas prisni burgerin gjigant në hamburgera katrorë 4" dhe kthejini ato.
- Gatuani edhe 20 minuta të tjera.
- Shërbejeni si pjatë kryesore, të nxehtë ose të ftohtë.

83. Petë me kërpudha të egra

PËRBËRËSIT:

- 2 lugë çaji vaj ulliri
- 1 qepë e verdhë, e grirë mirë
- 2 qepe, të qëruara dhe të grira
- $\frac{1}{8}$ lugë çaji kripë
- 1 filxhan kërpudha të thata shiitake
- 2 gota Kërpudhat Portobello
- 1 pako Tofu
- ⅓ filxhan embrion gruri i thekur
- ⅓ filxhan panko
- 2 lugë salcë soje e lehtë
- 2 lugë salcë Worcestershire
- 1 lugë çaji me aromë të lëngshme tymi
- $\frac{1}{2}$ lugë çaji hudhër të grimcuar
- $\frac{3}{4}$ filxhan tërshërë gatimi i shpejtë

UDHËZIME:

- Kaurdisni qepët, qepujt dhe kripën në vaj ulliri për rreth 5 minuta.
- Kërpudhat shiitake të zbutura me rrjedhin dhe grijini ato me kërpudha të freskëta në një përpunues ushqimi. Shtoni dy qepë.
- Gatuani për 10 minuta, duke e përzier herë pas here për të parandaluar ngjitjen.
- Përziejini kërpudhat me tofu-në e grirë, shtoni përbërësit e mbetur dhe përziejini mirë.
- Duart e lagura për të parandaluar ngjitjen dhe formimin në peta.
- Piqeni për 25 minuta, duke e kthyer një herë pas 15 minutash.

84. Patate perimesh Tofu Tahini

PËRBËRËSIT:
- 1 kile tofu e fortë, e kulluar
- 1½ filxhan tërshërë të papërpunuar
- ½ filxhan karrota të grira
- 1 qepë e skuqur e grirë
- 1 lugë gjelle Tahini, pak a shumë
- 2 lugë salcë Worcestershire
- 1 lugë gjelle salcë soje

UDHËZIME:
- Shtoni një përzierje të erëzave dhe barishteve të zgjedhura.
- Formoni petat në tepsi.
- I pjekim ne 350 per 20 minuta, i kthejme dhe i pjekim edhe 10 minuta.

85. Grilë për fasule të zeza dhe kikirikë

PËRBËRËSIT:

- 1 filxhan granula TVP
- 1 gotë ujë
- 1 lugë gjelle salcë soje
- 15 ons kanaçe me fasule të zeza
- ½ filxhan miell jetik me gluten gruri
- ¼ filxhan salcë Barbecue
- 1 lugë tym të lëngshëm
- ½ lugë çaji piper i zi
- 2 lugë gjalpë kikiriku

UDHËZIME:

- Rikonstituoni TVP-në duke e përzier me ujin dhe salcën e sojës në një tas të sigurt për mikrovalë, duke e mbuluar fort me mbështjellës plastik dhe duke e vendosur në mikrovalë për 5 minuta.
- Shtoni fasulet, glutenin e grurit, salcën e Barbecue, tymin e lëngshëm, piperin dhe gjalpin e kikirikut në TVP-në e rindërtuar pasi të jetë ftohur mjaftueshëm për tu trajtuar.
- E grijmë së bashku me duar derisa të jetë uniforme dhe pjesa më e madhe e fasuleve të jenë bërë pure.
- Formoni në 6 peta.
- Grijini këto foshnja në skarë, duke i larë me salcën shtesë të skarës ndërsa shkoni, rreth 5 minuta në çdo anë.

86. Petë me tërshërë elbi dhe selino

PËRBËRËSIT:
- 1 filxhan fasule gjalpë të konservuar
- ¾ filxhan Bulgur, i gatuar
- ¾ filxhan Elb, i gatuar
- ½ filxhan bollgur i shpejtë, i pazier
- 1½ lugë salcë soje
- 2 lugë salcë Barbecue
- 1 lugë çaji borzilok të thatë
- ½ filxhan qepë, të grira imët
- 1 thelpi hudhër, i grirë imët
- 1 kërcell selino, të grirë
- 1 lugë çaji Kripë
- Piper dy çelësa

UDHËZIME:
- Me një pirun ose pure patate, grijini pak fasulet. Ata duhet të jenë të trashë, jo të pure. Shtoni pjesën tjetër të përbërësve dhe formoni 6 peta.
- Spërkateni tiganin me vaj dhe petët kafe nga të dyja anët.

87. Petë Tempeh dhe Qepë

PËRBËRËSIT:

- 8 ons tempeh, të prera në kube 1/2 inç
- ¾ filxhan qepë të copëtuar
- 2 thelpinj hudhre, te prera
- ¾ filxhan arra të copëtuara
- 1/2 filxhan tërshërë të modës së vjetër ose që gatuhet shpejt
- 1 lugë majdanoz i freskët i grirë
- 1/2 lugë çaji rigon të tharë
- 1/2 lugë çaji trumzë e thatë
- 1/2 lugë çaji kripë
- 1/4 lugë çaji piper i zi i sapo bluar
- 3 lugë vaj ulliri
- mustardë Dijon
- Qepë të kuqe, domate, marule dhe avokado të prera në feta

UDHËZIME:

- Në një tenxhere me ujë të zier, gatuajeni tempehin për 30 minuta. Kullojeni dhe lëreni mënjanë të ftohet.
- Në një procesor ushqimi, bashkoni qepën dhe hudhrën dhe përzieni derisa të grihen. Shtoni tempehin e ftohur, arrat, tërshërën, majdanozin, rigonin, trumzën, kripën dhe piperin. Procedoni derisa të përzihet mirë. Formoni përzierjen në 4 peta të barabarta.
- Në një tigan, ngrohni vajin e mbinxehur. Shtoni hamburgerët dhe gatuajeni derisa të gatuhen plotësisht dhe të skuqen nga të dyja anët, rreth 7 minuta për çdo anë.
- Mblidhni hamburgerë me pak mustardë dhe me marule, domate, qepë të kuqe dhe avokado.

88. Patty e përzier me fasule dhe tërshërë

PËRBËRËSIT:

- 1 luge vaj ulliri
- 1 qepë, e grirë
- 4 thelpinj hudhre, te grira
- 1 karotë, e grirë
- 1 lugë çaji qimnon i bluar
- 1 lugë çaji djegës pluhur
- Piper dy çelësa
- 15 *ons* fasule pinto, të shpëlarë, të kulluar dhe të grirë
- 15 *ons* fasule të zeza, të shpëlarë, të kulluar dhe të grira
- 1 lugë gjelle ketchup
- 2 lugë mustardë Dijon
- 2 lugë salcë soje
- 1 ½ filxhan tërshërë
- ½ filxhan salsa
- 8 gjethe marule

UDHËZIME:

- Shtoni vajin e ullirit në një tigan mbi zjarr.
- Gatuani qepën për 2 minuta, duke e përzier shpesh.
- Hidhni hudhrën. Më pas, gatuajeni për 1 minutë.
- Shtoni karotën, qimnonin e bluar dhe pluhurin djegës.
- Gatuani duke e trazuar për 2 minuta.
- Transferoni përzierjen e karotës në një tas.
- Përzieni fasulet e grira, ketchup, mustardën, salcën e sojës dhe tërshërën.
- Formoni në pete.
- Piqni petat në skarë për 4 deri në 5 minuta në çdo anë.
- Shërbejeni me salsa dhe marule.

89. tempeh dhe arra

PËRBËRËSIT:

- 8 ons tempeh, të prera në kube 1/2 inç
- ¾ filxhan qepë të copëtuar
- 2 thelpinj hudhre, te prera
- ¾ filxhan arra të copëtuara
- 1/2 filxhan tërshërë të modës së vjetër ose që gatuhet shpejt
- 1 lugë majdanoz i freskët i grirë
- 1/2 lugë çaji rigon të tharë
- 1/2 lugë çaji trumzë e thatë
- 1/2 lugë çaji kripë
- 1/4 lugë çaji piper i zi i sapo bluar
- 3 lugë vaj ulliri
- mustardë Dijon
- Qepë të kuqe, domate, marule dhe avokado të prera në feta

UDHËZIME:

- Në një tenxhere me ujë të zier, gatuajeni tempehin për 30 minuta. Kullojeni dhe lëreni mënjanë të ftohet.
- Në një procesor ushqimi, bashkoni qepën dhe hudhrën dhe përzieni derisa të grihen. Shtoni tempehin e ftohur, arrat, tërshërën, majdanozin, rigonin, trumzën, kripën dhe piperin. Procedoni derisa të përzihet mirë. Formoni përzierjen në 4 peta të barabarta.
- Në një tigan, ngrohni vajin e mbinxehur. Shtoni hamburgerët dhe gatuajeni derisa të gatuhen plotësisht dhe të skuqen nga të dyja anët, rreth 7 minuta për çdo anë.
- Mblidhni hamburgerët me një lyerje mustardë dhe sipër me marule, domate, qepë të kuqe dhe avokado.

90.Patties Macadamia-Cashew

PËRBËRËSIT:

- 1 filxhan arra makadamia të copëtuara
- 1 filxhan shqeme të copëtuara
- 1 karotë, e grirë në rende
- 1 qepë, e grirë
- 1 thelpi hudhër, e grirë
- 1 jalapeño ose një djegës tjetër jeshil, me fara dhe të grirë
- 1 filxhan tërshërë të modës së vjetër
- 1 filxhan miell bajamesh të thatë pa erëza
- 2 lugë gjelle cilantro të freskët të grirë
- 1/2 lugë çaji koriandër të bluar
- Kripë dhe piper i zi i sapo bluar
- 2 lugë çaji lëng limoni të freskët
- Kanola ose vaj rrushi, për tiganisje
- Gjethet e marules dhe erëza e zgjedhur

UDHËZIME:

- Në një përpunues ushqimi, kombinoni arrat makadamia, shqeme, karotën, qepën, hudhrën, kilin, tërshërën, miellin e bajameve, cilantro, koriandër dhe kripë e piper për shije.
- Procedoni derisa të përzihet mirë. Shtoni lëngun e limonit dhe përpunoni derisa të përzihet mirë. Shijoni, duke rregulluar erëzat nëse është e nevojshme. Formoni përzierjen në 4 peta të barabarta.
- Në një tigan, ngrohni një shtresë të hollë vaji të mbinxehur. Shtoni petat dhe ziejini derisa të marrin ngjyrë kafe të artë nga të dyja anët, duke i kthyer një herë rreth 10 minuta në total.
- Shërbejeni me marule dhe erëza të preferuara.

91. Burgera me qiqra të arta

PËRBËRËSIT:

- 2 luge vaj ulliri
- 1 qepë e verdhë, e grirë
- 1/2 spec zile të verdhë, të grirë
- 1 1/2 filxhan qiqra të gatuara
- 3/4 lugë çaji kripë
- 1/4 lugë çaji piper i zi i sapo bluar
- 1/4 filxhan miell gluten gruri
- Erëza të zgjedhura

UDHËZIME:

- Në një tigan, ngrohni 1 lugë gjelle vaj dhe ngroheni shumë. Shtoni qepën dhe piperin dhe ziejini derisa të zbuten, rreth 5 minuta. Lëreni mënjanë të ftohet pak.
- Transferoni përzierjen e ftohur të qepëve në një përpunues ushqimi. Shtoni qiqrat, kripën dhe piperin e zi dhe pulsoni për t'i përzier. Shtoni miellin dhe përpunoni për ta kombinuar.
- Formoni përzierjen në 4 hamburgera, rreth 4 inç në diametër. Nëse përzierja është shumë e lirshme, shtoni pak miell shtesë.
- Në një tigan, ngrohni 2 lugët e mbetura të vajit të nxehur. Shtoni hamburgerët dhe gatuajeni derisa të forcohen dhe të marrin ngjyrë kafe nga të dyja anët, duke i kthyer një herë, rreth 5 minuta për çdo anë.
- Shërbejini burgerët me erëzat sipas dëshirës tuaj.

92. Bishta me qiqra të pjekura

PËRBËRËSIT:

- 3 lugë vaj ulliri
- 1 qepë, e grirë
- 1 1/2 lugë çaji pluhur kerri të nxehtë ose të butë
- 1/2 lugë çaji kripë
- 1/8 lugë çaji kajen e bluar
- 1 filxhan qiqra të gatuara
- 1 lugë majdanoz i freskët i grirë
- 1/2 filxhan miell gluten gruri
- 1/3 filxhan miell bajamesh të thatë pa erëza
- Gjethet e marules
- 1 domate e pjekur, e prerë në feta 1/4 inç

UDHËZIME:

- Në një tigan, ngrohni 1 lugë gjelle vaj dhe ngroheni shumë. Shtoni qepën, mbulojeni dhe gatuajeni derisa të zbutet, 5 minuta. Përzieni 1 lugë çaji pluhur kerri, kripë dhe kajen dhe hiqeni nga zjarri. Le menjane.
- Në një përpunues ushqimi, kombinoni qiqrat, majdanozin, miellin me gluten gruri, miellin e bajames dhe qepën e gatuar. Procesi për t'u kombinuar, duke lënë një strukturë.
- Formoni përzierjen e qiqrave në 4 peta të barabarta dhe lëreni mënjanë.
- Në një tigan, ngrohni 2 lugët e mbetura të vajit të nxehur. Shtoni petat, mbulojeni dhe ziejini derisa të marrin ngjyrë kafe të artë nga të dyja anët, duke i kthyer një herë, rreth 5 minuta për çdo anë.
- Në një tas, bashkoni 1/2 lugë çaji pluhur kerri me majonezën, duke e trazuar dy përzierje.
- Shërbejeni burgerin me marule dhe feta domate.

93. Patties Pinto Bean me Mayo

PËRBËRËSIT:

- 11/2 filxhan fasule pinto të gatuara
- 1 qepe, e prerë
- 1 thelpi hudhër, e grirë
- 2 lugë gjelle cilantro të freskët të copëtuar
- 1 lugë çaji erëza kreole
- 1/4 filxhan miell gluten gruri
- Kripë dhe piper i zi i sapo bluar
- 1/2 filxhan miell bajamesh të thatë pa erëza
- 2 lugë çaji lëng limoni të freskët
- 1 serrano djegës, i prerë dhe i grirë
- 2 luge vaj ulliri
- Marule e grirë
- 1 domate, e prerë në feta 1/4 inç

UDHËZIME:

- Fshijini fasulet me peshqir letre për të thithur lagështinë e tepërt. Në një përpunues ushqimi, kombinoni fasulet, qepën, hudhrën, cilantron, erëzat kreole, miellin dhe kripën dhe piperin për shije. Procedoni derisa të përzihet mirë.
- Formoni përzierjen në 4 peta të barabarta, duke shtuar më shumë miell nëse është e nevojshme. Thërrmoni petat në miell bajamesh. Lëreni në frigorifer për 20 minuta.
- Në një tas, kombinoni majonezën, lëngun e limonit dhe serrano chile. I rregullojmë me kripë dhe piper sipas shijes, i përziejmë mirë dhe i vendosim në frigorifer derisa të jenë gati për t'u shërbyer.
- Në një tigan, ngrohni vajin e mbinxehur. Shtoni petat dhe gatuajeni derisa të marrin ngjyrë kafe dhe të bëhen krokante nga të dyja anët, rreth 5 minuta për çdo anë.

- I servirim petat me marule dhe domate.

4. Burger oriz me thjerrëza f

PËRBËRËSIT:
- ¾ filxhan Thjerrëzat
- 1 Patate e ëmbël
- 10 Gjethet e freskëta të spinaqit
- 1 filxhan Kërpudha të freskëta, të copëtuara
- ¾ filxhan miell bajamesh
- 1 lugë Tarragon
- 1 lugë Hudhra pluhur
- 1 lugë Thekon majdanoz
- ¾ filxhan Oriz me kokërr të gjatë

UDHËZIME:
- Gatuani orizin derisa të gatuhet dhe të ngjitet pak dhe thjerrëzat derisa të zbuten. Ftoheni pak.
- Grini imët një patate të qëruar dhe gatuajeni derisa të jetë e butë. Ftoheni pak.
- Gjethet e spinaqit duhet të shpëlahen dhe të grihen imët.
- Përziejini të gjithë përbërësit dhe erëzat duke shtuar kripë dhe piper për shije.
- Ftoheni në frigorifer për 15-30 min.
- Formojeni në pete dhe skuqeni në një tigan ose mund të bëhet në një skarë perimesh në një skarë të jashtme.
- Sigurohuni që të lyeni me yndyrë ose të spërkatni një tavë me Pam pasi këto burgerë do të priren të ngjiten.

5. Shiitake dhe Oats patty

PËRBËRËSIT:
- 8 ons Tërshërë të mbështjellë
- 4 ons djathë mocarela vegane
- 3 ons kërpudha Shiitake të prera në kubikë
- 3 ons' Qepë të bardhë të prerë në kubikë
- 2 thelpinj hudhre te grira
- 2 ons piper i kuq i prerë në kubikë
- 2 ons zare kungull i njomë

UDHËZIME:
- Kombinoni të gjithë përbërësit në një procesor ushqimi.
- Pushoni çelësin e ndezjes/fikjes për të kombinuar përafërsisht përbërësit.
- Mos e përzieni shumë. Përzierja përfundimtare mund të bëhet me dorë. Formoni petët prej katër oce.
- Në një tigan shtoni një sasi vaj ulliri.
- Kur tigani të jetë i nxehtë shtoni petën.
- Gatuani një minutë për anë.

96.tërshërë , Petë me perime dhe mocarela

PËRBËRËSIT:
- ½ filxhan Qepë të gjelbër, të copëtuar
- ¼ filxhan piper jeshil, i copëtuar
- ¼ filxhan majdanoz, i grirë
- ¼ lugë çaji piper i bardhë
- 2 thelpinj hudhër, të prera në kubikë
- ½ filxhan djathë Mozzarella Vegan, i grirë
- ¾ filxhan oriz kafe
- ⅓ filxhan ujë ose verë të bardhë
- ½ filxhan karotë, të grirë
- ⅔ filxhan Qepë, të copëtuar
- 3 bishta selino, të grira
- 1¼ lugë çaji kripë erëza
- ¾ lugë çaji trumzë
- ½ filxhan djathë vegan çedar, i grirë
- 2 gota tërshërë të shpejtë
- ¾ filxhan grurë bulgur

UDHËZIME:
- Gatuani orizin dhe grurin e bulgurit.
- Ziejini perimet për 3 minuta në një tigan të mbuluar, duke i trazuar një ose dy herë.
- E kullojmë mirë dhe e përziejmë me orizin dhe djathin derisa djathi të shkrihet pak.
- Përziejini përbërësit e mbetur.
- Formoni petët 4 ons.
- Gatuani për rreth 10 minuta secili në një skarë, duke përdorur llak gatimi.
- Shërbejeni si pjatë kryesore.

7. Petë me arra dhe perime

PËRBËRËSIT:
- ½ qepë e kuqe
- 1 Prisni selino
- 1 karotë
- ½ spec i kuq zile
- 1 filxhan arra, të thekura, të bluara
- ½ filxhan panko
- ½ filxhan makarona orzo
- 2 zëvendësues vegan të vezëve
- Kripë dhe piper
- Feta avokado
- Feta qepë të kuqe
- Catsup
- mustardë

UDHËZIME:
- Kaurdisni në vaj selinon qepën, karotat dhe piperin e kuq derisa të zbuten
- Shtoni hudhrën, arrat, thërrimet dhe orizin. Formoni në pete.
- Skuqini në vaj derisa të marrin ngjyrë të artë.
- Mblidhni në një tas.

8. Burgera marokene Yam Veggie

PËRBËRËSIT:

- 1,5 filxhan patate e skuqur e grirë
- 2 thelpinj hudhër, të qëruara
- ¾ filxhan gjethe të freskëta cilantro
- 1 copë xhenxhefil të freskët, të qëruar
- Kanaçe prej 15 ons me qiqra, e kulluar dhe e shpëlarë
- 2 lugë liri të bluar të përziera me 3 lugë ujë
- ¾ filxhan tërshërë të mbështjellë, të grirë në miell
- ½ lugë gjelle vaj susami
- 1 lugë gjelle amino arrë kokosi ose tamari me pak natrium
- ½-¾ lugë çaji kripë deti me grurë të imët ose kripë Himalaje rozë, për shije
- Piper i zi i sapo bluar me dy shije
- 1 ½ lugë çaji pluhur djegës
- 1 lugë çaji qimnon
- ½ lugë çaji koriandër
- ¼ lugë çaji kanellë
- ¼ lugë çaji shafran i Indisë
- ½ filxhan salcë tahini cilantro-lime

UDHËZIME:

- Ngrohni furrën në 350F. Rreshtoni një fletë pjekjeje me një copë letër pergamene.
- Qëroni mishin. Duke përdorur vrimën e rendes me përmasa të rregullta, grijeni pulën derisa të keni 1 ½ filxhan të paketuar lehtë. Vendoseni në një tas.
- Hiqni shtojcën e rendes nga procesori i ushqimit dhe shtoni tehun e rregullt "s". Grini hudhrën, cilantron dhe xhenxhefilin derisa të copëtohen imët.

- Shtoni qiqrat e kulluara dhe përpunojini sërish derisa të copëtohen imët, por lini pak strukturë. Hidheni këtë përzierje në një tas.
- Në një tas, përzieni së bashku përzierjen e lirit dhe ujit.
- Grini tërshërën në miell duke përdorur një blender ose një procesor ushqimi. Ose mund të përdorni $\frac{3}{4}$ filxhan + 1 lugë gjelle miell tërshërë të bluar paraprakisht. Përziejeni këtë në përzierje së bashku me përzierjen e lirit.
- Tani përzieni vajin, aminoacidet/tamarin, kripën/piperin dhe erëzat derisa të kombinohen plotësisht. Rregullojeni te tasti nëse dëshironi.
- Formoni 6-8 petë, duke e paketuar përzierjen fort së bashku. Vendoseni në tepsi.
- Piqni për 15 minuta, pastaj kthejeni me kujdes dhe piqni edhe për 18-23 minuta të tjera derisa të marrin ngjyrë të artë dhe të fortë. Ftoheni në tigan.

99.Burger me thjerrëza, fëstëkë dhe shiitake

PËRBËRËSIT:
PËR BURGERËT
- 3 qepe, të prera në kubikë
- 2 lugë çaji vaj ulliri
- ½ filxhan thjerrëza të zeza, të shpëlarë
- 6 kapele të thata kërpudhash shiitake
- ½ filxhan fëstëkë
- ¼ filxhan majdanoz të freskët, të grirë
- ¼ filxhan gluten jetik gruri
- 1 lugë Ener-G, e rrahur me ⅛ filxhan ujë
- 2 lugë çaji sherebelë të tharë të fërkuar
- ½ lugë çaji kripë
- ¼ lugë çaji piper i çarë

PËR TË pataterat e skuqura
- 3 patate të qëruara dhe të prera hollë
- vaj vegjetal, për tiganisje
- kripë

UDHËZIME:
- Lërini tre gota ujë të ziejnë. Ndërsa prisni që uji të nxehet, qepujt e prerë në kubikë i hidhni në një tigan të veçantë me vaj dhe i kaurdisni në zjarr të ulët.
- Kur uji të fillojë të vlojë, shtoni thjerrëzat dhe kapakët e tharë të shiitake-s dhe vendoseni mbulesën mbi tenxhere në mënyrë që të largohet pak avulli gjatë gatimit. Ziejini për 18-20 minuta, më pas hidhini në një sitë me rrjetë të imët që të kullojnë dhe të ftohen. Pasi të jetë ftohur, hiqeni shiitake nga thjerrëzat dhe i prisni në kubikë, duke i hedhur kërcellet e forta.
- Vendosni fëstëkët në një përpunues ushqimi dhe grijini ato në mënyrë të trashë. Në këtë kohë, qepujt tuaja duhet

të jenë karamelizuar mirë. Shtoni qepujt, thjerrëzat, kapakët shiitake të prera në kubikë, fëstëkët dhe majdanozin në një tas dhe përziejini derisa të kombinohen mirë. Shtoni glutenin vital të grurit dhe përzieni.

- Tani shtoni përzierjen ujë/Energ-G dhe përzieni për rreth dy minuta me një pirun të fortë për të lejuar që gluteni të zhvillohet. Tani shtoni sherebelën dhe kripë e piper dhe përzieni derisa të kombinohen mirë. Më pas mund ta vendosni përzierjen në frigorifer për disa orë ose të skuqni menjëherë burgerët.
- Për të skuqur hamburgerët, i jepni formë pete, duke e shtrydhur pak përzierjen së bashku teksa po i jepni formë. Skuqini në një tigan me pak vaj ulliri për 2-3 minuta nga secila anë, ose derisa të skuqet pak.
- Për të bërë patate të skuqura, vendosni disa centimetra vaj vegjetal në një tenxhere. Ngroheni mbi nxehtësi të lartë.
- Skuqini në tufa.
- Skuqini derisa të jenë të freskëta, rreth 4-5 minuta dhe hiqeni nga vaji me marrë rezistente ndaj nxehtësisë.
- Kalojini në pecetë letre që të kullojnë dhe spërkatini menjëherë me pak kripë.

0. Burgers vegan me proteina të larta

PËRBËRËSIT:

- 1 filxhan proteina vegjetale me teksturë
- ½ filxhan fasule të kuqe të ziera
- 3 lugë vaj
- 1 lugë gjelle shurup panje
- 2 lugë pastë domate
- 1 lugë gjelle salcë soje
- 1 lugë maja ushqyese
- ½ lugë çaji qimnon i bluar
- ¼ lugë çaji secila: spec djegës pluhur i grirë, hudhër pluhur, qepë pluhur, rigon
- ⅛ lugë çaji tym të lëngshëm
- ¼ filxhani ujë ose lëng panxhari
- ½ filxhan gluten jetik gruri

UDHËZIME:

- Lëreni një tenxhere me ujë të vlojë. Pasi të vlojë, shtoni proteinën bimore me teksturë dhe ziejini për 10-12 minuta. Kullojeni TVP-në dhe shpëlajeni disa herë. Shtrydhni TVP-në me duart tuaja për të hequr lagështinë e tepërt.
- Në tasin e një përpunuesi ushqimi, shtoni fasulet e gatuara, vajin, shurupin e panjeve, pastën e domates, salcën e sojës, majanë ushqyese, erëzat, tymin e lëngshëm dhe ujin. Përpunoni për 10-20 sekonda, duke gërvishtur anët nëse është e nevojshme dhe përpunoni përsëri derisa të formohet një pure. Nuk duhet të jetë plotësisht e qetë.
- Shtoni TVP-në e rihidratuar dhe përpunoni për 7-10 sekonda, ose derisa TVP të jetë copëtuar shumë imët, përzierja duhet të duket si salca Bolognese. Ju nuk

dëshironi të keni copa të mëdha TVP përndryshe burgerët nuk do të qëndrojnë mirë së bashku.

- Transferoni përzierjen në një tas dhe shtoni glutenin vital të grurit. Përziejini fillimisht duke përdorur një dru, dhe më pas gatuajeni me duar për 2-3 minuta për të zhvilluar glutenin. Përzierja duhet të jetë e butë dhe të ketë një elasticitet të lehtë.
- Ndani masën në 3 dhe formoni petë. Mbështilleni me kujdes çdo burger me letër pergamene dhe më pas në letër alumini.
- Vendosni burgerët e mbështjellë në një tenxhere me presion (mund t'i grumbulloni) dhe gatuajeni me presion për 1 orë e 20 minuta. Mund të përdorni një tenxhere me presion ose një tenxhere me presion.
- Pasi të jenë gatuar, i mbështjellim burgerët dhe i lëmë të ftohen për 10 minuta. Tani mund të skuqni burgerët në pak vaj derisa të marrin ngjyrë kafe të artë nga secila anë.
- Burgerët ruhen deri në 4 ditë në frigorifer. Ata do të forcohen pak në frigorifer, por do të zbuten pasi të nxehen.

PËRFUNDIM

Ndërsa jemi në fund të këtij udhëtimi të shijshëm, shpresojmë që "Nga kopshti në pjatë: Libri i gatimit me qofte me perime" ju ka frymëzuar të përqafoni shijet dhe teksturat e qofteve me perime në kuzhinën tuaj. Qoftet me perime ofrojnë një alternativë ushqyese dhe krijuese ndaj qofteve tradicionale, dhe ne ju inkurajojmë të vazhdoni të eksploroni dhe eksperimentoni me këtë pjatë të gjithanshme.

Me recetat dhe teknikat e ndara në këtë libër gatimi, shpresojmë që të keni fituar besimin dhe frymëzimin për të krijuar qofte perimesh që janë edhe të shijshme edhe ushqyese. Qoftë nëse i shijoni si pjatë kryesore, duke i shtuar në pjatat me makarona, ose duke i përfshirë në sanduiçe apo mbështjellje, çdo kafshatë mund t'ju sjellë kënaqësinë e një vakti të shëndetshëm dhe të shijshëm.

Pra, ndërsa filloni aventurat tuaja me qofte perimesh, lëreni "Nga kopshti në pjatë" të jetë shoqëruesi juaj i besuar, duke ju ofruar receta të shijshme, këshilla të dobishme dhe një ndjenjë eksplorimi kulinarie. Përqafoni kreativitetin, shijet dhe ushqimin që ofrojnë qoftet e perimeve dhe lëreni çdo pjatë që krijoni të bëhet një festë e botës së gjallë të përbërësve me bazë bimore.

Le të jetë kuzhina juaj e mbushur me aromat joshëse të pjekjes ose skuqjes së qofteve me perime, tingujt e mirësisë cëcëritëse dhe gëzimin e ushqyerjes së trupit tuaj me ushqime të shëndetshme dhe të shijshme me bazë bimore. Gatim i lumtur dhe qoftet tuaja me perime qofshin në tryezën tuaj kënaqësi dhe kënaqësi!